容身的地方

從霸凌的政治學到家人的深淵，日本精神醫學權威中井久夫的觀察手記

中井久夫 NAKAI Hisao｜著
李欣怡｜譯

自由學習 34

容身的地方：

從霸凌的政治學到家人的深淵，日本精神醫學權威中井久夫的觀察手記

作　　者 —— 中井久夫（NAKAI Hisao）
譯　　者 —— 李欣怡
封面設計 —— 陳文德
內文排版 —— 薛美惠
企畫選書人 —— 文及元
責任編輯 —— 文及元
行銷業務 —— 劉順眾、顏宏紋、李君宜

總 編 輯 —— 林博華
發 行 人 —— 涂玉雲
出　　版 —— 經濟新潮社
104 台北市民生東路二段 141 號 5 樓
電話：(02)2500-7696 傳真：(02)2500-1955
經濟新潮社部落格：http://ecocite.pixnet.net

發　　行 —— 英屬蓋曼群島商家庭傳媒股份有限公司城邦分公司
台北市中山區民生東路二段 141 號 11 樓
客服服務專線：02-25007718；25007719
24 小時傳真專線：02-25001990；25001991
服務時間：週一至週五上午 09:30-12:00；下午 13:30-17:00
畫撥帳號：19863813；戶名：書虫股份有限公司
讀者服務信箱：service@readingclub.com.tw

香港發行所 —— 城邦（香港）出版集團有限公司
香港灣仔駱克道 193 號東超商業中心 1 樓
電話：25086231 傳真：25789337
E-mail: hkcite@biznetvigator.com

馬新發行所 —— 城邦（馬新）出版集團 Cite(M) Sdn. Bhd. (458372 U)
41, Jalan Radin Anum, Bandar Baru Sri Petaling,
57000 Kuala Lumpur, Malaysia.
電話：(603) 90578822 傳真：(603) 90576622
E-mail: cite@cite.com.my

印　　刷 —— 漾格科技股份有限公司
初版一刷 —— 2021 年 1 月 5 日
ISBN：978-986-99162-8-8　

定價：340 元　Printed in Taiwan

目錄

第三部分：職場和社會

編者序
找到安身於世的線索

在日本，具有文學素養的精神科醫師不在少數，中井久夫是其一。生於一九三四年的中井久夫是日本精神醫學權威，執業和教學經驗近半世紀。他不只是在門診為病患診療，也進行居家醫療（往診：應邀出診）。一九九五年日本發生阪神大地震，他號召一批精神科醫師深入災民收容所，關心他們的心理健康，進而研究創傷後症候群（post-traumatic stress disorder，PTSD）。

行醫之餘，他也是一位作家。日本 Misuzu 書房結集出版《中井久夫集》共十一冊，收錄他從一九六四年至二〇一二年橫跨近半世紀的隨筆。

他注重與病患建立關係，深入觀察對方一舉一動的臨床實證，而不只是用藥物解決患者問題，筆調屬於人文關懷的醫療寫作。

我們從《中井久夫集》節選七篇文章，看看他如何從關懷的角度出發，陪伴精神病患走過心靈風暴。本書共分三部分：

第一部分：學校

選文：〈霸凌的政治學〉

作者以一位精神科醫師的立場，解讀霸凌的權力關係。他發現，孩子比我們想像更世故，早就知道學校裏的權力關係，看穿霸凌就是政治學。孩子之間的霸凌，並不是單純的「欺侮、羞辱」，而是「奴化」的過程，有「孤立化、無力化、透明化」三階段。原本是受害者的一方，為了不再受到霸凌，而成為加害者的跟班，最後甚至成為加害者。

霸凌的所有過程都在晦暗之處進行，大人很難從幽微的細節中察覺霸凌，往往要到受害者自殺之後，大人們才發現原來小孩受到霸凌所苦已久。

文藝評論家柄谷行人在書評中指出，「這篇文章並不是從心理學或精神病理的立場討論霸凌，而是以政治學的角度解讀霸凌，也就是說，霸凌就是權力關係。」

第二部分：家庭

選文：〈精神科醫師眼中的青少年問題〉、〈父母的成熟與孩子的自立〉和〈家人的深淵〉

家庭是養成人格的起點，然而，成長過程中（尤其是春青期）發生的家庭風暴，以及隨之而來的家人霸凌，往往是受害者成年之後，罹患精神疾病的主因。

作者分析父母邁向成熟與孩子尋求自立的過程，討論家庭中的霸凌（情緒勒索）對於一個人的影響。他以居家醫療的親身經驗，說明如何向精神病患說明：「這麼多人之中，也有人不是那麼有害、也不那麼咄咄逼人、會在你能接受的範圍內試圖幫助你。」

第三部分：職場和社會

選文：〈在職場中工作的精神病患〉、〈棲身於社會中的精神病患〉和〈「連結」的精神病理〉

作者探討人與人之間的相互作用的強弱，如何影響彼此。他深入觀察病患的一舉一動並和病患建立關係。他發現，精神病患能夠「治癒」，並不是指回到病發之前的狀態，而是相較之下，接受治療後比較「有餘裕」面對一切。當一個精神病患能懂得摸魚也好、裝傻也好，放過自己，就可以稱得上「治癒」。

在每篇文章最後，作者都附上書寫年份，那是一個思覺失調症還叫做精神分裂症或分裂症的年代。讀者閱讀本書時，不妨視為精神醫學發展的回顧，透過精神科醫師的立場，了解人的處境。

希望這七篇文章，能夠幫助受困在暗處的人，找到安身於世的線索。

經濟新潮社編輯部謹識

---

* 本書七篇文章寫於二十世紀，為呈現當時的社會背景，盡量保留作者寫作時的用語，並加上譯注或編按說明。
* 文中「分裂症」和「精神分裂症」，已改為「思覺失調症」；若是引述來源的論文或書名，則不更改。
* 在作者撰寫文章的年代，醫師應邀出診稱為「往診」，現稱「居家醫療」。

第一部

學校

霸凌的政治學

1

長久以來，大家認為霸凌（bullying）可能是日本獨有的現象。有一次，我問了美國在這方面的專家，他告訴我，霸凌不但多得很，在美國更嚴重的問題是校園有真正的幫派分子。有一部分高中甚至必須警告學生不准帶槍上學，並且在校門口檢查，演變至此就太嚴重了。不過，先不談帶槍上學，日本也有人勒索高額金錢，由此可知，在日本，霸凌者也有一部分已經幫派化了。

在國外，英國有幾所菁英公立學校的霸凌事件為眾人所知。英國數學家、哲學家伯特蘭．羅素（Bertrand Russell）自傳中，也有一段敘述，回想在他為了準備進入劍橋大學而讀的學校，這是一所培養高階軍官的預校，所以不難想像，他每天都被霸凌。對著夕陽前進時，都想著要自殺，「再多學一些數學再死」。看過電影《俘虜》（*Merry Christmas, Mr. Lawrence*）的人，可以看到主角英國戰俘傑克對在公立學校遭到霸凌的弟弟見死不救，後來由於罪惡感緩慢逼上死路的過程。他之所以遭到霸凌，被活埋到剩一顆頭露出來，是因為他在衝動之下吻了日本軍官世野。這個禁忌之吻發生在受迫跟荷蘭戰俘陷入同性戀關係的朝鮮士兵切腹時，此舉應該是因為這個場景在他腦海裏，跟過去他當年對於弟弟遭霸凌視而不見的場景重疊了吧。這是一種「大家都是人，別再互相霸凌」、祈求和平的直接表現。但是，在我眼中，這個意外的舉動，卻冷不防揭露軍官潛藏的同性戀情感，羞恥感驅使軍官把這位英國戰俘埋起來，以隱藏自己被掘出的情感。

像這樣，霸凌的效果不限於當下、當地，而是會影響一個人一輩子的行為。殺人是犯罪，而只有軍人在戰場上不算犯罪，這是眾所周知的。霸凌很有很大的部分，如果不是發生在學校這個場所，是完全足以構成犯罪的。而就像過去軍營發生霸凌下級士兵的事件，卻置於治外法權一樣，認為學校也在法律之外，是很多人共有的錯覺。

2

基本上，什麼是霸凌、什麼不是霸凌，中間必須畫一條清楚的界線。開玩笑、嘲笑、捉弄、遊戲等全都不是霸凌。界定是不是霸凌最簡單的基準，在於是否具備相互性。

以捉迷藏為例，用猜拳或其他規則決定誰當鬼，這是一般的捉迷藏。如果是一開始就規定誰當鬼，那就是霸凌。拿背包、就連派人跑腿都一樣，只要有相互性就沒問題，沒有，就是霸凌。

捉迷藏，如果變成霸凌型捉迷藏，理論上應該就不好玩了，但取而代之增大的，對一部分人而言是權力感；對多數人而言，則是免於淪為犧牲者的安心感。很多人就會從中學到依附權勢的好處。

小孩的社會具備了權力社會的一面。小孩正因為在家庭及社會中沒有權力，會更渴望權力。小孩在家中權利（譯注：原文為「權利」無誤）受到愈多限制，受愈大權力管束，就愈會加劇他們的渴望。

關於孩子成為霸凌者的研究很少。他們會出現在研究中，是在家中遭到暴力相向的情況。或是想說話卻沒有發言權，受無力感折磨的情況。比方說，不知道有多少小孩，在家庭中，對父母或上一代婆媳之間的不和有話要說，卻說不出口而痛苦萬分。

並不是這樣的小孩都會成為霸凌者，很多會成為被霸凌者，結果應該很多都會罹患精神官能症（按：以過度焦慮、憂鬱、畏懼，及強迫性症狀為主，外表看來和常人一樣，但當事者主觀上卻自認病得很重，會自行求醫治療。有多種不同類型的疾病，如焦慮症〔以緊張和不安的情緒為特徵〕、歇斯底里症〔以代償性的身體與精神症狀來取代心理衝突〕、憂鬱症〔心情低落鬱悶〕、畏懼症〔不尋常的害怕〕、強迫症〔不可抗拒的荒謬思考和行為〕、慮病症〔執著認定有身體疾病〕、精神生理反應〔長期壓力導致身體功能失調〕等等；俗稱「精神衰弱」）。最近，看住院患者的病例，有遭霸凌經驗的人多到令人生厭。另外，有些人設法克服了霸凌，然後這個經驗會左右他的職業選擇。

大約二十年前，我隨口到處問我的精神科醫師夥伴是否有類似經驗，小時候總是遭到霸凌的人占多數，包括我自己在內，我是不折不扣老是遭到霸凌的孩子。不過，有一位說自己小時候是霸凌別人的那一方，當時害得好幾個孩子拒絕上學，現在幫小孩看診是為了贖罪。

但是，並不是有補習班在教人如何霸凌。觀察霸凌者的手法，你會發現，實在太多都是從家庭內霸凌中學來的，例如配偶、婆媳、父母和兄姐之間的相互霸凌。學到的不只是方法，還有威脅的表情或致命的一句話。還有，一般要說出來會有些顧忌，有些是從某些教師的態度學來的。一部分的家庭和學校，根本是霸凌學校，親切又仔細地教人如何霸凌別人。

不僅如此，小孩每天都眼睜睜看著很多事情，大人「只許州官放火、不許百姓點燈」，內心暗暗覺得不公平。在小孩眼中，當家庭和學校都有大人可以霸凌別人，那麼獨獨小孩不准霸凌，就是一種不公平。他們認為這種事必須設法不讓別人發現；然而，這是得失的問題，跟道德上的情感又是兩回事。對他們而言，這跟抓學生抽菸的教師，自己的辦公室卻煙霧彌漫，是一樣的意思。

3

所謂的權力欲究竟是什麼？人有各種欲望，包括佛教，許多宗教都致力於思考如何處理欲望這個問題。不過，欲望中也包括睡眠欲，這是自己一個人就能滿足的，不會帶給別人困擾。食欲基本上也是一樣，不過，也有蓄意奪取他人食物的例子，有時候是無意間的奪取，無可避免會犧牲其他生命，不像睡眠欲那麼無邪。至於情欲，基本上是二人之間的問題，未必能稱心如意，常常比睡眠或進食更容易引發內心的糾結。

不過，權力欲捲入的人數之多，完全是前面這些欲望無法相比的，應該說，實際上它無邊無際地將人群捲入、沒有上限。這種快感，在於讓原本應該無法隨心所欲的事變得自由。而內心產生的糾結，與其去面對，更傾向於認為：「等得到更大的權力之後再面對，一定會更容易解決。不，到時候搞不好根本就不必面對了。」然後就可以用追求更大權力的形式拖延下去。像這種無邊無際的追求，顯示「到此為止」的滿足點並不存在，也就是權力欲不會有真正的滿足。權力欲不同於其他欲望，它沒有真實的快感；而《淮南子》說：「人莫不奮身于其所不足。」

睡眠欲、食欲、情欲都有滿足的時候，滿足了，就會停止追求。也有例外，睡眠欲姑且不論，食欲和情欲會有人無盡地追求下去。在這種情況下，不對，一般而言會演變成問題，多半是這些欲望變成權力手段加諸於人的情況。比方說，情欲變成控制對方的手段。在這種情況下，情欲本身純粹的快樂不見了，真正的目的變成不顧對方心情、逼迫對方接受自己的欲望。食欲的例子，像是古羅馬時代網羅整個版圖所有山珍海味的「凱撒的餐桌」。印度孔雀的舌頭味道優劣與否，不會是重要的問題。

有非常多東西都可能成為權力欲的道具。教育、治療、看護、傳教……如果許多宗教一直以來，沒有將權力欲這個問題視為最大的煩惱，這實在太不可思議了。當然，權力欲本身是無法消滅的。問題是如何控制它。從個人、家庭到國家、國際社會，人類都很難說已找到控制權力欲之道；歧視，純粹是權力欲的問題。確認有人地位在自己之下，要比靠自己爬上掌控的梯子輕鬆且容易，而且這跟競爭不同，首先不必擔心有適得其反的意外結果。這也是遭到歧視、壓制的人、之所以屢屢歧視別人的玄機之一。

我尊敬的美國精神科醫師哈里·蘇利文（Harry Stack Sullivan）指出，人開始在遊戲的時候，不是不顧一切取勝，而是停止霸王硬上弓，在遵從規則中找到真正的滿足，是在小學階段。很多人說大概都發生在四年級左右。如果是這樣，漫畫《哆啦Ａ夢》裏的孩子據說是五年級，相對較晚。在那裏，來自未來的機器貓哆啦Ａ夢，用小道具教大家拚命遵守規則的樂趣、教大家赤裸的權力欲會讓你吃虧、教大家沒有其他更好的選擇了。

如果能夠遵從遊戲規則始於四年級，那麼前一年的三年級應該很重要。其實，看小孩的畫，開始符合遠近法始於三年級，在五年級完成（進入青春期又會亂掉）。能夠畫出遠近法，表示只要將它移到腦海裏的抽象空間，就能針對事物的輕重順序、緊急或是還有緩衝時間、優先順序如何，進行整體的綜觀。能夠遵循規則遊戲也是其中一部分，顯示他能夠將這些事項在腦海裏的空間，利用用遠近法加以配置。看棒球比賽，會覺得這是一種達成課題的遊戲，端看如何應對極度精密的遠近法時空中分分秒秒的變化，而且會佩服它那種充滿技巧的應對。

現在的孩子喜歡電腦遊戲，這也清楚證明遵從規則遊戲的快感，並沒有消失在他們身上。

只是電腦遊戲缺乏架設在主體與主體之間不停搖晃的假橋上，也不會失衡的「人際關係」這個要素。精密機器這個對手，比任何獨裁者都堅持不妥協。

4

霸凌既然跟權力有關，那麼其中必然存在政治學。**小孩之間霸凌的政治學其實相當精巧，它讓我們看到小孩是一種政治存在的面向**。小孩的社會，確實是相當政治化的社會，如果從所有的大人都先以孩童的身分，從童年經歷政治社會這個觀點來看，或許少年少女的人際關係，才是政治社會的原型。

霸凌為何難以察覺？那是因為，它遵循了一定的順序進行，而這個順序，實在充滿了政治巧妙手段。我甚至會擔心，在這裏寫出來會不會遭到政客不當利用。

我暫時將霸凌的過程分成「孤立化」、「無力化」和「透明化」三個階段。我想還有許多其他的分法，不過總之，我先照這種分法來說明。這實在是一種政治化的臣服，也就是奴隸化的過程。

首先是「孤立化」。

沒有孤立的人，或許還是有遭遇霸凌的時候，卻不會成為持續霸凌的目標，而且，還會有機會重新站起來。要杜絕重新站起來的機會、讓對方成為任由持續霸凌的對象，就必須讓他孤立，霸凌的著眼點最初會放在「孤立化作戰」上。這種作戰策略之一，就是標的化，讓大家都知道「誰被盯上了」；這樣一來，沒有被盯上的人，就會鬆一口氣，接下來跟標的保持距離。沒有保持距離的人，就讓他知道，這樣會吃虧，而且稍有閃失，就可能招來「殺身之禍」。

接下來的策略，就是宣傳遭到霸凌的那個人多麼值得霸凌。從微不足道的身體特徵或小動作，到莫須有的不祥晦氣、外型美醜、根本不成問題的言行舉止或個人習慣，都可以當成藉口；此舉具備誘發周遭歧視意識的力量。不管在何種意義上，有人「地位比自己低」，可以多少緩解想當領導者卻當不成的人對於權力的飢渴。

這種宣傳策略還會擴及年長者。如果沒有戒心，連教師也會被捲進去。不對，即使有戒心還是會被捲進去。無心的一句「他有時候的確會這樣」、不對，甚至微微點個頭、或只是靜靜聽著，都會讓加害者感覺得到無數人的認同，並且讓旁觀者覺得自己可以視而不見。

不僅如此，宣傳策略會漸漸滲透，讓受害者本人也漸漸相信，自己遭到霸凌是無可奈何的事情。也會拚命想，為什麼被霸凌的不是別人，偏偏是自己，試圖對自己說明這種不合理的狀態。宣傳策略也會波及他／她。受害者會漸漸誤以為，自己就是活該遭人霸凌，自己沒有魅力、不討人喜歡、沒有生存價值，而且孤伶伶一個人。這種誤解，不但會讓受害者最後看起來符合「那個」形象，還會賦予加害者和旁觀者勇氣。搞不好連教師在家庭聯絡簿提到「貴子弟的缺點」時，寫下跟宣傳策略一樣的內容，而這會讓孩子在家庭之中也遭到孤立。

原來如此。受害者一開始會想改正自己的行為、或是替自己辯解，試圖脫離這種狀態。有時候他們會成功，但有時候會陷於更不愉快的境地。當外國人說一口流利的日文時，周遭反而會對於一些小缺點變得更敏感；就跟來自外地的轉學生，試圖改變自己的方言腔調、口音或用詞時，狀況完全一樣。在這些對於細微差異敏感度背後操作的，其實是尋求歧視的意識。語言階級差異顯著的英國人，庶民會取笑印度人的英文；紐約的義大利裔移民，則會模仿黑人的英文予以嘲笑。

不只這樣，受害者還必須隨時提高警覺。不管是對周遭、自己的動作、言詞和舉止都要小心翼翼。所以，受害者會陷入一種警戒的超覺醒狀態。他會無法從緊張狀態中解脫，而這會改變受害者的自律神經系統及內分泌系統、甚至免疫系統，而周遭會偵測到他的身心緊張。他會一觸即發、戰戰兢兢、到處張望、臉色發青、出汗出油，這些都是在這種情況下必然產生的生理反應。不過，這種狀態會讓周圍的人遠離，也會讓受害者本身對周遭無法做出游刃有餘的應對。

不過，受害者還是無法鬆懈，加害者具有絕對優勢，就是可以自由選擇攻擊點。攻擊的焦點、方式、場所和時間都可以自由選擇，能夠選好有壓倒優勢的時間、場所、方式和焦點進行攻擊。想大肆宣傳時，就選人多的時候；想讓對方屈服時，大概會選對方落單的時候吧。就像這樣，讓受害者不論何時、身處何處都感到孤立無援，就是「孤立化」策略。

5

不過，在孤立化過程中，對方在精神上還沒有屈服，或許悄悄在等待反擊的機會，加害者還不能高枕無憂。接下來加害者要進行的，就是讓對方「無力化」。

孤立化作戰已經包含無力化，孤立本身就會失去很多力量。不過「無力化作戰」並不僅於此。這個作戰就是要讓受害者知道「反擊是完全無效的」，讓受害者放棄。要達到這個目的，必須用懲罰性的過度暴力來處罰受害者的反擊，而且反覆讓他嚐到這時候沒有任何人站在自己這一邊的滋味。一丁點微弱的反抗徵兆，都會是過度懲罰的對象。更進一步，提出不實指控：「你現在心裏在想怎麼反抗，對吧？我都知道。」然後加以懲罰，也非常有效果。不僅如此，這還有一種效果，就是可以將受害者的注意力，從加害者身上轉移到受害者本身的舉動、甚至自己的內心變化上。就算加害者只是欲加之罪，猜中是理所當然的，因為受害者當然會想反抗，設法從現狀中脫困，所以會讓受害者心臟狂跳一拍。加害者誇耀自己「可以看透一切」，而受害者則就此相信加害者有看透人心的能力。然後，對於渴望知道加害者在想什麼，卻完全猜不到的自己，感到失望沮喪，誤以為自己低人一等。最後，就算原本沒有打算反抗，也會遭到洗腦，然後感到內疚，就這樣漸漸被馴服。

受害者向大人告狀的時候，一定要懲罰他。這不是加害者為了保護自己的安全，加害者早就透過孤立化作戰，清楚大人是無法對自己出手的。目的不在此，而是要對受害者實施道德教育，讓他知道「跟大人講很沒膽又卑鄙」、「很難看」。受害者會漸漸將這種「道德」、「美學」內化，會自己也認同告訴大人是很醜惡的行為。而且，會更加確信在孤立化作戰期間已經被植入的錯覺，認為霸凌的構造是大人無法介入的。這一點，還有事實佐證。很遺憾的，有太多事實可以證明大人不會有效介入。受害者在所有階段，都會不斷對周遭（特別是教師和父母）發出暗號：「你看，快發現啊！」但是，我很難相信有人接收到這個暗號的機率，會比有人接收到漂流在太平洋正中央的人發出信號的機率高。

其實這也是加害者一決成敗的關鍵時刻。在這裏失敗，加害者的威力就會大幅減弱，需要相當多時間才能恢復，有時無法恢復，自己變得孤立，甚至可能一不小心就轉為被霸凌的角色。

因此，遭到最嚴重暴力攻擊的或許是這個階段。在孤立化階段，特別是初期，施以暴力，有可能引發輿論以你為敵，反而造成加害者的孤立。加害者看來旁若無人，其實是一種偽裝，其實加害者從頭到尾都很在意輿論，而且包括教師代表的大人世界和小孩世界兩邊的輿論。但是，在孤立化作戰成功的這個階段，已經沒有必要像之前那麼小心翼翼了。這正是進行孤立化作戰的目的，即使是直接施加於受害者之身，同時也是對社會的策略，至少是考慮到社會的策略。如果原本內心憎惡霸凌的人、覺得視情況自己也可以出面制止的人，覺得這件事並不值得自己這樣做、決定閉上眼說聲「Pass（棄權）」，加害者就嚐到甜頭了。

只要在這個階段切實施加暴力，之後就只要威脅「我會揍人喔！」就夠了。暴力本身，只知道要想用時就能用，其實並不是會那麼頻繁使用的手段。要靠暴力才勉強維持的權力，是岌岌可危的權力，從權力欲的觀點看來，絕不是令人愉快的權力。對方主動成為奴隸、自願服從，才是理想的狀態。

事實上，愈接近這個理想，加害者的被害妄想會愈嚴重。史達林（Joseph Stalin）就是很好的例子。追根究柢，一切都基於加害者「人**可能**成為那樣順從的奴隸」的認識。原本人就不可能基於自由意識而自願完全放棄自由。埃里希・佛洛姆（Erich Fromm）口中的「逃避自由」的誘惑，有魅力的也僅止於通往奴隸之門的入口處。進去之後，就會後悔「糟了，不應該是這樣的結果」，但通常為時已晚。有一部分的人會成為加害者的手下，不過，應該一直覺得「不應該是這樣的結果」。

6

在這個階段，霸凌會逐漸「透明化」，周遭的眼睛會愈來愈看不見它。有一部分，是來自旁觀者的共謀。就像在古都風景中「看不到」電線桿、鬧區「看不到」流浪漢、還有善良的德國人「沒看到」集中營一樣，在人們「選擇性分心（selective inattention；按：不去注意某種引發焦慮的狀況，以維持自身平衡。）」的心理機制作用下，進行中的霸凌，看起來也只會是自然的一部分、風景的一部分，或者完全看不見。

該負責任的大人也準備好各式各樣的藉口，像是「孩子的世界，大人不該輕易介入」、「我自己也是在霸凌中長大的」、「會對孩子有益吧」、「只能說那孩子缺乏霸氣」等等。這些並不完全荒唐無稽，當中包含了的真理的一面。但是，再怎麼包含真理，辯解就是辯解，除了辯解還是辯解。

只是，第三者之所以看不見，不只是因為第三者「不看」。事實上，在這個時期進行的「透明化策略」，讓人只是稍微看一眼是無法看見的。

進入這個階段，受害者已經孤立無援，已經極度厭惡無力反擊或逃脫的自己；受害者開始自己一點一點瓦解自己的尊嚴。

有時候，受害者的世界還會愈來愈狹窄。跟加害者的人際關係，是唯一有內容的人際關係，大人和同學們也會變成非常遙遠的存在。很遠、實在太遠、看起來就像是居住在另一個世界的人。

在空間上，沒有加害者的空間，很矛盾的是，會化為沒有現實感的空間。不，就算家人帶你去國外旅行，加害者依舊「在那裏」；空間充滿了加害者的臨在感，怎樣都無法逃離加害者的眼睛，加害者的眼睛會逐漸布滿各處。就跟極權國家人民總是感覺得到獨裁者的眼睛無所不在，是同樣的機制。

時間上，也會覺得跟加害者的關係將永遠持續下去。就算腦子裏知道再過二年就會畢業，那個二年後會是「比永遠還遠的未來」。在這裏一定要說明的是：小孩對於時間的感覺，會讓單位時間顯得比大人長得多。精神療法專家米爾頓・艾瑞克森（Milton H. Erickson）在弟子把孩童患者的面談延後二個星期時，加以叱責，堅決表示：「對小孩而言，二個星期就等於永遠」。這種時間感覺上的落差相當大，「跟年齡的平方成反比」（保羅．弗雷斯〔Paul Fraisse〕）。

尤有甚者，遭到霸凌的時間，就像所有痛苦時間總是如此，會更漫長、漫長到像是沒有盡頭；這會更加強調時間感覺的難以忍受度。

受害者慢慢會變得，只希望今天不要被霸凌得太嚴重就好。到了這個地步，遇到加害者卻沒被霸凌的日子，就會感覺彷彿是一種恩寵。漸漸地，受害者會開始覺得，這種恩寵是加害者賜給他的無上恩惠。由於跟加害者的人際關係，已經幾乎是唯一的人際關係，受害者會對加害者的情緒、細微表情或動作非常敏感，受害者的所有情感完全依存於加害者的一顰一笑，為其牽動。受害者在情感上也會成為加害者的奴隸。而為了強調這一點，加害者會屢屢誇大表現自己的三心二意，讓受害者無法預測。由於預測是面對強敵時，最後一種具有主體的行為，封鎖這個行為，能夠帶來擾亂受害者理性的效果。如果受害者是理性的少年少女，這種無法預測的狀態，特別能讓他們失去自信。

到了這個地步，加害者只要用小小的恩惠，例如「只有今天放你一馬」之類的「恩惠」，就能期待在進行「透明化策略」時，得到受害者的全面合作。受害者有時候會在大人面前誇耀跟加害者很要好、有時候會假裝玩得很開心、還有的會當他們一幫人的小跟班。加害者會刻意讓別人目擊受害者參與加害者行列的景象，如此一來，受害者就連「受害者」的身分是自己最後一根浮木的這個資格，都被剝奪了。

難怪仔細觀察，誇示大家感情很好的時候，眼底沒有笑意；看起來很好玩的遊戲，也找不到遊戲中不可或缺的活力；即使混在加害者行列中，也只有他的身體是緊繃的。不過，這只有眼光相當犀利的大人，才有可能發現。而且就算發現了，有一半的大人會像面對電線桿或猶太人一樣，因為選擇性分心而「看不到」。小孩在大人問「是不是有人霸凌你？」的時候，會激動地否定，而且往往會惱羞成怒。如果問的是自己家人，甚至可能因為太生氣而出現暴力舉動。一方面，當然也有「事到如今，還要講什麼？」「來不及了！」的感覺，同時也是為了預支自己的事靠自己解決這個最後的主導權，由於大人介入，毫無指望地交出去帶來的失落感。明知交出去也無法指望得到什麼，卻輕易交出自己身上殘留的最後一分氣力，這種失落感，是許多幸福的大人難以理解的，但希望大家務必了解。

在「透明化策略」過程中，進行的包含了「剝削」。特別是高額的金錢勒索。這當然也有實際利益層面的意義，但不僅於此，對受害者還有更大的打擊效果。受害者為了金錢調度，放棄所有的樂趣，先交出零用錢，然後是存款。再來，就只剩下偷家裏的錢或順手牽羊。受害者不但失去自主、被剝削精光，還會在家庭或社會犯下重大罪行。這對他而言，是自尊心的極度喪失、對家人的背叛、無可挽回的「罪」，是自己親手切斷跟家庭、社會最後的連結。至此，「孤立化」和「無力化」一起完成。受害者感到失去資產和權利，自己是奴隸、是罪人。

但是，打擊受害者最深的是，受害者在這種情況下拚上性命弄到手的錢財，卻被加害者像毫無價值似地短時間內浪費在娛樂上，更過分的是燒掉或丟掉。此舉的目的是：加害者想讓受害者親眼看見，對加害者而言，受害者的獻身舉動毫無意義。對受害者而言，這是親身強烈體會加害者多麼巨大、自己多麼微不足道、不足掛齒的瞬間。小孩會發現，一般而言可以一笑置之的刁難題目，自己卻拚命要達成，會討厭這樣的自己。

原來如此，在孩子的世界裏，法律規範會酌情適用，不過，這也意味著它是不受任何法律管轄的地帶。既沒有保護小孩的「小孩警察」，也沒有能提出訴訟的「小孩法院」。小孩世界其中一面，是遠比成人世界赤裸而且沒有出口的暴力社會。當然，我也遇過連在戰爭中，都沒有食材調度的困擾、或是家族親戚都沒有人出征的人。可能有很多人一直到長大成人，都沒有機會得知小孩社會這個面向。但是，陷入其中的人，那種「沒有出口」的感覺，幾乎不亞於集中營。而且，漸漸地，你會覺得那絕對不是有朝一日可以離開的思想改造集中營，而是趕盡殺絕的集中營。環繞的牆壁是透明的，卻比肉眼可見的鐵條網還要強固。

7

在外面老是被欺負的孩子，有時候在家裏會化為暴君。不過，努力在家人面前當個「好孩子」，當成最後的自豪，這種情況也很多。如果就連最後的自豪都快要留不住時，會進行的就是自殺。自殺帶來的解脫幻想，早在「無力化」階段就開始孕育，不過，自殺幻想具有暫緩自殺的效果。他們會幻想藉由自己的自殺，揭發加害者的罪行。也有人會幻想家人終於第一次理解自己，同學和老師也覺得「搞砸了」、然後對自己說「對不起」。事實上，自殺幻想是極度窄化的世界中，唯一通往「外面」的路。

在集中營裏，從這種狀態再走出一步，就會化為沒有自尊心、沒有自主性、什麼都沒有的活殭屍。已經感覺不到毆打的痛楚、拷問也像是發生在別人身體上一樣。是的，霸凌並不會直接奪走生命，而且，可能有人會說：不是還有家可回嗎？但是，霸凌造成的痛苦，並不只來自直接間接的暴力。霸凌，特別是在「透明化階段」，痛苦的是「強人所難」，孩子賭上自己的社會生命設法達成加害者的強人所難，對加害者而言，卻輕若紙片這件事，這完全否定了自我價值。我想在此強調，許多小孩的自殺，之所以終於付諸實行，就是因為被加害者命令去做一些不可能達成的「強人所難」。這種「強人所難」，就算達成了，對受害者而言，也會是失去在家庭中「市民權」性質任務的關鍵。

8

我想用以上記述來結束〈霸凌的政治學〉。事實上，加害者並不是獨行俠，而是有人帶頭的小團體，不過，關於這種小團體內的力學，有機會再談。

我還記得，偶然在阪神大地震後，學習創傷後壓力症候群（post-traumatic stress

disorder，PTSD）的過程中，我在小學時代被霸凌的經驗猛然出現，內心澎湃激盪。當時我已經六十二歲了，但這些記憶幾乎完全沒有淡化。

當時正值戰爭，一部分教師也助長了霸凌，聲稱「像你這種文弱之徒，是無法報效國家的，我來重新調教你」（當時家父在戰場上）。由於學區的關係，我跟朋友們被分開，一個人進了當時還是農村區域的小學。在那裏，霸凌的對象一開始是工人的小孩或像我一樣的異類。隨著都市化，都市小孩變多，又發生了變化。那個區域，有兒童被送去疏散，也有別處疏散過來的兒童，剛好屬於一種過渡地區。拿東京地區來比喻的話，大概相當於武藏境或調布吧。疏散兒童加入後，我利用當疏散兒童的「內應」這個身分，一起成功地逃過了農村孩子們的霸凌。在疏散兒童組織中，我負責出計謀欺瞞當地小孩、從池塘調度蓮藕、蓮子、菱角等食物、還有告訴大家安全的回家路線或是隱藏地。

不過，沒想到在疏散兒童中，出現了一個會霸凌別人的孩子。他不但腕力強、而且，當時國民學校（小學）八年制義務教育，分為初等科六年和高等科二年，他是我們（愚蠢模仿希特勒青年團的「大日本少年團」）分團中唯一的高等科學生（相當於中學一、二年級）。

依年資排序，他當上分團長，擁有天皇陛下延伸權力的教師，正式授予他相當於當時鄰組*長的小權力。在這種情況下，社會成為這個暴君的靠山，也有個忠實的弟弟。他高等科畢業跟我初等科畢業是同一年，所以我注定到畢業為止都無法逃過他的掌心。要上中學的人，只要在初等科六年的時候畢業就好。

當時，有好幾次，我只能眼睜睜看著年紀小的孩子被霸凌。我的罪惡感，試圖靠我自己遭受更嚴重的霸凌來償還。我之所以能夠生還，其中一個原因是，我要替暴君寫功課。這帶給我一種屈辱感，大概是文藝復興知識分子在暴君的宮廷中也嚐過的滋味吧。不過，對當時的我而言，這是他賜給我的恩惠。還有一個原因是，現在回想起來，我始終沒有對分團的任何人施加暴力。這件事讓我勉強維持了尊嚴。不過，這或許是因為我拚命強調自己的文弱，顯示不是我不使用暴力，而是沒有這個能力。這個做法或許多少增加了我自己被暴力攻擊的機會，但對我來說，忍耐後者要來得輕鬆多了。不過，能夠做到這一點，或許是因為我獲得自我解離的能力，可以像旁觀者一樣，從外側看著自己被霸凌。

還有一點，現在想起來說不定是最重要的，就是我跟小我一個年級的一位疏散學童之間，有一種同病相憐的感覺。我並沒有什麼機會跟他深談過，但彼此有在同一個世界忍耐的感覺。我還記得，戰後，在我們分別上了不同的中學後，他曾經寫信給我，告訴我他也跟我一樣。

其實，在美國空軍對日本的空襲開始激烈化之後，只要響起警報，就可以不必上學，而警報沒有一天不響，分團的壓力就此減少。在戰爭結束那天，當我到了學校，看見黑板上的「神州不滅」文字已經迅速地擦掉時，腦海裏首先閃過的念頭是，啊，現在「大日本少年團」終於要消失了。擁有小權力的人，只要社會發生變化，就會脫胎換骨，成隨便為一個卑躬屈膝的人。

寫這樣的文章，應該馬上會有人問，那對策是什麼呢？我在現階段，僅先引述創傷後壓力症候群研究家茱蒂絲．赫曼（Judith Herman；按：《創傷與復原》〔*Trauma and Recovery*〕作者）的話：

「首先是確保安全、消除孤立感、大人負起責任保證不會再讓他們孤立、並且付諸

＊第二次世界大戰時，日本為了統制國民成立的最小單位區域組織。

實行。」小孩不信任大人是理所當然的，在能確保他們安全之前，不去追根究柢、東問西問，也很重要。同時，不論受害者是怎樣的人，大人都必須明確宣示，霸凌基本上就是惡，是不折不扣的犯罪，道德上大人會站在受害者的立場。還有，告訴他們，他們是落入霸凌宛如陷阱構造中的犧牲者，一開始的目標，是逐漸減輕他們的罪惡感、卑微感和道德自卑感。不可思議的是，有道德自卑感的是被霸凌的一方，霸凌別人的人不會有。其他的對策，不付諸實行，光是空談，本身就是一種罪惡。希望不要再有人像我一樣，到了初老期依舊受到童年遭人霸凌的影響所苦，由衷祈禱各方努力。

我覺得，老是被霸凌的孩子，可能會比任何人都理解這篇文章，所以寫出自己的故事。另外，對於不明瞭「透明化」理由而感到困惑的父母或教師，如果能供他們參考，將會是個人望外的幸福。

雖然寫的幾乎都是我個人的經驗，被霸凌的經驗其實難以言說或訴諸文字。在我試圖多少將這些經驗言語化的過程中，在阪神大地震之後，我為了學習創傷後壓力症候群而翻譯的茱蒂絲・赫曼《從創傷到復原》（*Trauma and Recovery*，日文譯本，Misuzu 書房，一九九六年）是相當重要的觸媒，謹此特書致謝。另外，幾冊關於集中營經驗的書籍，特別是描寫霸凌狀況時，也成為很好的參考。

（一九九七年）

第二部

家庭

精神科醫師眼中的孩童問題

1

由精神科醫師談論教育問題，有幾個上限存在。

第一，教育現場是一種密室，當外部的人加入，這個場域必然會產生變化。和醫療現場一樣，要觀察原貌在原理上是有困難的。

第二，精神科醫師只能透過受限的、已經是疾病程度的、在某種意義上來說是極端的事例，來直接接觸問題。這種情形，當然也有一個好處，就是可以從暗處找出隨處可見的例子卻無法看出的事物，不過容易偏向極端的論點。精神科醫師的發言，之所以容易被一般大眾接受，也是因為傾向提出極端的例子，有聽來聳動的一面吧；這一點需要自我警戒。

第三，醫學是一種反覆經驗與嘗試、逼近解決方法的學問，從發生新問題到幾乎完成解決公式，需要一定的時間。

就戰後兒童精神醫學領域而言，這個期間我想大約是二十年。我們「總是遲到」。這一點，不論傳染病、或家庭暴力，在經驗主義立場上，是沒有差異的。

2

因此，目前精神科一時能夠提供的，是從過去類似體驗的類推（類比），或與過去事件的比較。再來，才是適合較普遍理論的推論。

我們以現今的一大問題「霸凌」現象為例，應該比較的所謂過去各種現象，包括校園紛爭、校內暴力、拒絕上學、家庭暴力等。這些都是教育界關注的問題，與精神科醫師也有一定程度的關聯。這些問題的現狀，形形色色，共通點是對年長成人奏出的不協和音（按：失諧、不調和、不一致）。不過，再怎麼扭曲附會，終究是一種對既成的思考、行為規範、倫理的異議申訴。「爸爸的想法過時了」、「專業笨蛋*」、「老師（父母）根本不懂我們的心情」這些主張，都是上述問題中聽到膩的台詞。

不過，在「霸凌」現象中，卻完全聽不到這種對上一輩的異議申訴。這一點，或許可說是戰後歷史中的新產物。

實際上，在「霸凌」的價值觀中，已經完全聽不到年輕世代的自我主張了。霸凌中被祭出的價值觀，大部分都老舊、狹隘、小鼻子小眼睛。

3

霸凌的問題，我認為必須區分為幾個層面。

第一，在某個發育階段，欺負或霸凌現象中，有一部分是人或更早期的動物就廣泛存在的恆久問題。一九二二年，由挪威動物學家埃貝（Thorleif Schjelderup-Ebbe）發現

* 除了自己專業之外什麼都不懂的人

雞的啄序（pecking order，按：啄食順序或啄食次序，表示群居動物通過爭鬥取得社群地位的現象，是由埃貝觀察雞群行為所發現）之後，我們得知，動物在群體中是有階級的，也可以觀察到各種確認階級的行為。

在這裏，最近強調的是，生長在自然環境下的動物，階級帶來的歧視或虐待，未必是絕對、單線式的。做一隻離群的猴子，有好幾個益處；在群體中，有複數逃生路徑，而老大的地位也並非絕對。而在飼育的環境中，階級制的理論會貫徹得非常徹底。

動物園的動物最具代表，我們已經知道飼育動物會呈現一種精神官能症狀態，有點令人掛心的是，德斯蒙德・莫里斯（Desmond Morris）指出，人是一種會把自己關進動物園飼養的奇妙動物。人，在社會上如何處理攻擊行為，似乎一開始就是個大問題。得知遠在數百萬年前，原人頭蓋骨就有石斧砍進去的痕跡，實在令人反感，但卻不能不正視這個事實。

美國精神科醫師蘇利文之所以提出教育中，特別是初級教育中，人際關係發展論性質的重大課題是三C，也就是競爭（competition）、合作（cooperation）和妥協（compromise），應該在馴化攻擊行為上有深切意義。這是不管在校園或教室中都該排在

第一順位的課題，無法成功的人，會不容易熬過青春期的混亂、變成成熟的成人。

很難在家庭教育中達成的，就是這三C。首先，因為一般在家庭中沒有同齡夥伴。年齡相近的兄弟姊妹，在獲得母愛方面，彼此處於強烈競爭的糾結關係。第二，家庭的關係過度緊密，而緊密人際關係無法代表所有的人際關係，比方說，容易陷入不是你死就是我活的關係（婆媳問題等）。保有一定距離的人際關係有它本身的價值、能夠享受祥和與自由空間（創意）。這是只在家庭中成長的小孩無法體會的，這種小孩，就好像在重力過大的星球上長大一樣。第三，最近特別顯著，家庭的組成人數相當少，這些人存在某些偏頗的機率絕對不低。原本，「人類的代表」就不能光由父母來扮演，這部分的修正，也必須仰賴初級教育。

應該有許多部族，會在教育的前階段，集結年輕人組織一些團體。據說布希曼族（Bushman）社會，依親戚關係不同，可以和不可以開玩笑的對象（笑話夥伴），是有規定的，這是藉由將笑話（揶揄）制度化，將攻擊行為放電的一套電子迴路，可說是一種聰明的解決方式。

玩笑、揶揄、雙關語、諷刺，這裏面含有稀釋過的攻擊行為。不過，稀釋過的攻擊行為和遊戲是相鄰的，具有一種和赤裸裸攻擊行為的免疫效果。笑話、文字遊戲和遊戲三者之間關係之緊密，我們也可以從多數遊戲，都在笑話式文字遊戲的伴奏下進行這一點窺得。這些遊戲可以教導我們前述的三C，與他人妥協同時也是與自己（的欲望等）的妥協。遊玩可以教導我們，與人交往不能沒有妥協。

在大家高聲議論青春期問題時，雖然如此比喻有點抱歉，我曾經主張，就像破產的公司，並不是破產那個時間點的經營有問題，極可能是更早期的鬆散經營形成了破產的基底。因此，必須追溯青春期之前的兒童期（以精神分析而言就是「潛伏期」）的情況。當時，兒童期被視為最沒有問題的時期。我的論點是，**兒童期的孩子，是心機不輸給大人的現實主義者，完全足以成為政治動物**。現在，我們可以想成，等不到青春期就顯現出來的，就是那些兒童期的霸凌。

4

在這裏，我們來探討一下第二個層面，也就是時代潮流中的問題。究竟是什麼讓問題演變成會在當下立即爆發？論點相當多，我覺得都只看到其中一個面向。校園紛爭也好，校內暴力、拒絕上學也好，都包含了霸凌的要素；任何一項的主流策略，都是用「百般刁難」把對方逼得無路可逃。不過，青春期的新問題像一層土覆蓋其上。原來不過如此。只不過是當沒有透過青春期、立刻出現的時候，就變成未經任何粉飾雕琢的「煞風景」、「霸凌」而已。

許多人苦於說明，為何校園紛爭，在全世界同步以一九六八年為中心爆發。我想，結果除了與第二次世界大戰的時間距離以外，從美國到日本、法國、甚至中國的共通點並不存在。這些孩子，從戰爭中到戰後的兵役、俘虜等，造成父親的不在。在日本，這個世代還要加上成長過程中，親眼目睹戰敗帶來成人的價值轉換。或許問題在於家長受到戰後社會改革的衝擊、失去中心價值；或許是對雙親家庭中心主義、大量生育顯現重視家庭（戰後在每個國家都出現嬰兒潮）的反抗；或許是繼承家長的挫折感（戰後不論戰勝國或戰敗國都出現對「社會改革」的期待，但都以失望收場）。總之，在戰爭中度過青年期的人生下的小孩，是一個紛爭的世代。

那麼，現在的國小、國中生呢？他們的父母，是在日本經濟高度成長期之中，度過國小與中學時代的世代，不是嗎？高度成長期是生活基礎本身移動的時代，出乎意料的嶄新事物不斷出現，我記得通產省（按：現為經產省）自豪地發表我們終於超越歐洲的某個國家（不知道是希臘還是葡萄牙）是一九六〇年左右。在那之前，日本的確被分類於第三世界，對於派代表參加萬隆會議（按：Bandung Conference，一九五五年四月在印尼萬隆召開的國際會議，用意在於促進亞洲和非洲國家之間的經濟文化交流），沒有人覺得不可思議。

在生活水準急速提升的家庭，孩子背負著特殊的自我認同困難。幼兒期住在民間木造公寓，小兒期是公營住宅（按：團地，類似國宅），青春期搬入高級公寓，青年期入住豪宅的人，每次搬家，不但要告別習慣的環境、失去朋友，就連周遭看自己的眼光、稱呼、適合的服裝、用字遣詞和舉止都被迫改變。的確有些孩子熬過這一切，長大成人，但陷入混亂渾沌的比例也增加了。就算沒有生病，背負著弱點的人恐怕占絕大多數。或許可以說，高度成長期的日本人，大部分都如此，是所謂「新家庭（New Family）世代」。國外旅行在一九六〇年代中期之前是頂層階級的專利，到海外旅遊，並沒有包括在少年時代人生計畫預定中。

高度成長期結束後，生活依舊持續變化。身為普遍職業的「上班族」不復存在，受文科高等教育、在記帳簿、開會中度過一生，這種延續江戶時代武士般的存在消失，進入一個「條件在平均值上下的人」難以生存的時代。不管在學校或是家庭，都很難再訓誡大家「天道酬勤」。接下來，進入單身赴任（按：已婚者隻身前往外地長期工作和生活，但家人無法一同前往）的人高達三分之一的時代，大量製造出既非都市人也不是鄉下人，而是住宅人、國宅人，也就是人家問到「你的故鄉在哪裏？」的時候，回答不出來的那種人，而這大概降低了單身赴任的心理門檻吧。同時，自有住宅政策，使住獨棟房屋的日本人達到有史以來最高的比例。單身赴任可說是勞力效率化、流動化和自有住宅政策間矛盾的產物。這是新家庭面臨的考驗。

而這樣時代背景的人，生出來的小孩，現在是小學生到國中生的年齡。

5

不過，現在發生問題的「霸凌」，真的有新內容嗎？稱得上新的，只有執著和不知上限的程度。有人說以前並非如此，這只是因為他們不知道戰爭中疏散兒童*的霸凌。

這裏舉出一項調查。調查者是東京都精神醫學綜合研究所社會精神醫學部門的吉松和哉（《社會精神醫學》一九八六年一月號），問卷調查對象為現年五十歲的某校畢業生約一百五十人。這個世代從少年期開始，自殺率就很高，最近得知：三十年前自殺尖峰的年齡是二十多歲、十五年前是三十後半到四十多歲、現在是五十多歲。其實以全體日本人來看，並沒有改變，也就是這個世代的自殺率一直居高不下。調查中，受到霸凌的有百分之六十，沒有被霸凌的人和被霸凌的人，對自殺的看法差異極大。被霸凌過的人回答「懂自殺者心情」、「一般人都可能自殺」的人數，遠多於沒有遇過霸凌的人。

遭人霸凌的經驗中，最痛苦的是，跟成人講也沒有意義、朋友也怕被捲入而躲避，而且逐一提出，都是一些會被視為瑣事的內容，有時候大家會怪罪於受害者的無力，是一種「找不到出口」的狀況。懷抱著這種經驗進入社會的人，傾向對於人生悲觀，也是理所當然的。

這個世代的戰爭經驗，是四處躲空襲、忍受飢餓，像年紀再大一點的世代，精神上贊成戰爭、或是積極參加的意識很淡薄。我也是這個世代，空襲有點接近颱風等自然現象，雖然可怕，卻沒有實際感受到對美國的敵意。稍微懂事的時候已經在戰爭當中了，原本就很難想像戰時以外的日本。霸凌跟空襲不同，是每天的日常，比空襲還無計可施、周遭拋棄自己的情況比空襲時還嚴重。前述調查當中也是，以對自殺的影響程度為例，戰爭中是否有恐怖經驗，低於是否有受虐經驗。

我們可以說，這個世代的孩子，建立了紛爭後較平穩的校園時代。家長之所以傾向重視教育，或許是因為他們經歷了受教育機會急速增多的青少年期。但同時，這也製造了教育媽媽（按：過度熱衷於教育孩子的母親）和拒絕上學的孩子。只不過，我覺得當時對教育的信任還存在。我覺得現在小學、國中生的父母，似乎已經不知道該對教育做何期待了，所謂的教育媽媽，當然也就減少了，因為試圖藉由教育來超越階級，正在形成一道過厚的牆。

＊第二次世界大戰時，日本讓大都市學童移居到地方都市或農村，以避開戰火的政策。

6

第三個層面，可以稍稍窺見，可能是存在日本文化內部的霸凌模式。戰爭中的新兵霸凌，再往前回溯，還有宮廷的宮女霸凌。現在組織內也還是有新人霸凌，小公務員對市民的霸凌、庶民大眾對少數族群或孤立個體的霸凌。醫師的社會中也有、教師的社會應該也有。絮絮叨叨、充滿惡意、糾纏不休、小題大作，認定對方本質上不良（無能），試圖乘隙結黨以孤立對方。把對方弄到無力抵抗了，就竭盡所能愚弄折磨。聯合赤軍故事中，我感到最厭煩的，就是模式完全無異於戰爭中的新兵霸凌和疏散學童霸凌。另外，西伯利亞日軍俘虜（按：二戰結束後，遭解除武裝的蘇聯紅軍押往西伯利亞的日本戰俘）之間，也發生過致死的霸凌「破曉祈禱」。

《忠臣藏》這齣戲之所以在江戶時代始終保持上演紀錄第一、二名（另一齣是《左倉宗五郎》），至今仍反覆在電視上播放、獲得高收視率，不就是因為蘊含對霸凌反擊受挫者的感情嗎？幕府是冷酷的，但（實際上受害者通常無法擁有的）家臣代為復仇，這是一種幻想中的解脫感。

這第三個層面，於我而言，是日本人最令人厭惡的一面。戰爭中日本兵的殘酷行為，也是這個模式吧。

7

以上這些，究竟來自何處？我一時之間無法回答，但會聯想到實驗性精神官能症（experimental neurosis；按：用實驗方法使動物發生與人的神經官能症相類似的症狀）。賞罰取決於些微差異引起的不同反應，在這種情況下，會誘發無差別的攻擊行為和傷害自己的行為。新兵霸凌的問題是微不足道的違規；宮女霸凌的問題則是一舉一動是否符合禮節；聯合赤軍的問題是服裝、用詞的細節，是否凸顯了隱藏的「資產階級性」。每一種情形都是封閉社會，聲明的目的，是誰都沒有真心相信的狀況。

戰爭中，教師常常打學生，其實他們一定不是真的覺得這樣做就能注入日本精神，進而在戰爭中獲勝。**人，是一種明明自己並不相信卻展現自己相信的危險動物。**

當然，必須做自己並不相信的事，這樣的情況屢見不鮮。沒有人是英雄，何況英雄也有英雄的問題。我認為，最低限度，需要的是能凝視自己影子的幽默精神。

每個人都有攻擊性，無法自我覺察時，對自己的攻擊性產生人畜無害的錯覺，自我說服自己的行為堂堂正正、其來有自之際，顯得特別危險。醫師或教師這種會從比一般人高一點的位置與人相處的職業，特別有這種危險。

霸凌現象，內含跨越時代的恆久部分、來自世代潮流的部分、和受上一個世代影響的部分，甚至還有流行的部分。也就是或許只要散播流言，說「霸凌早就過時了」就能消除。但光是如此，可能會導致霸凌朝向外部，衍生「身心障礙者霸凌」、「老人霸凌」。已經出現「遊民霸凌」了。而我們已經從前面引用的例子當中，看到少年時期遭到霸凌的經驗，會影響人一輩子，因此，我們至少希望能夠制止不該有的行為。要重建混亂的精神病房大樓，首先，不要忽視任何一位患者，彬彬有禮跟他們打招呼、盡可能拉長留在病房大樓的時間、秉持幽默感對待工作夥伴、不要急於追求一致，並且心裏總是保持樂觀。與其焦急地想做有益的事，不如留心別做有害的事，這是至今依舊適用的方法。對教育的世界而言，是否多少也能成為他山之石呢。

（一九八六年）

父母的成熟與孩童的獨立

1

有一天，我突然浮現一個疑問：長篇連載家庭漫畫的人物，為什麼都不會老？凍結所有出場人物的年齡，這種獨創，我想是始於橫山隆一的《小福》（按：フクちゃん，日本漫畫，其後改編為動畫、電影），再來是戰後長谷川町子的《海螺小姐》。二部作品都每天在報紙上出現，連載了數十年，大家也都看不膩。現在電視上還繼續在播《海螺小姐》（按：サザエさん，一九四六年發表的四格漫畫，其後改編為動畫、戲劇、舞台劇），從老人到幼兒都會看。收視觀眾世代涵蓋這麼廣的電視節目，應該並不多。

小福和爺爺的互動，跨越二戰前後數十年，之所以觀眾看不膩，應該要歸功於橫山隆一天才般的著眼點吧。海螺小姐、她的丈夫、稚兒、父親、母親、弟弟和妹妹，今夜依舊上演著永遠的鬧劇擁有高支持率，是怎麼一回事呢？

我領悟到，希望永遠留住家庭那一幕時刻的人，原來這麼多。

某個時期，對，比方說小孩小學三年級左右、班上都還沒人會提到補習班，但照顧小孩已經輕鬆很多、或者，小孩是高中生，開始可以加入父母的幽默、笑話的時期、不然就是年紀更小，家裏只有除了可愛還是可愛的小嬰兒和年輕夫妻的時候。

不過，這種家庭面貌，過個一年，就完全不同了。高中生或許要進大學，搬到遙遠的外地，或者重考，全家人會對他小心翼翼深怕觸怒他。長女已經開始上班，總有一天會晚歸也不說明理由。小嬰兒逐漸長大，或許進入人生第一次的叛逆期，開始讓人恨得牙癢癢。

描寫獄中百態的《鐵窗裏那些學不乖的人》（暫譯，『塀の中の懲りない面々』，安部讓二）這本書中，有一段是講一位受刑人，表示「自己在五歲前已經盡孝，因為在那個年紀之前，已經帶給父母喜悅了」，大家都被說服了，其實有它的道理在。江戶時代《育兒書》（暫譯，『子育ての書』）中，從父母立場寫著：「覺得有小孩很開心，只有在他們十一、二歲之前；過了這個年紀之後，只會覺得有小孩很煩」等，可見這不是最近才有的情形。

我很佩服《海螺小姐》裏面小孩絕佳的年齡設定。據說鰹是五年級，妹妹裙帶菜三年級。《哆啦Ａ夢》裏面的孩子不知道幾年級，不過感覺是三年級到五年級。

美國精神科醫師蘇利文表示希望能在「兒童期」（入學到八歲或九歲的時期）學會的那些事：從自己玩的階段，開始發展到一起遵守規則遊戲——合作、妥協、競爭，正好就是《哆啦Ａ夢》的孩子們試圖去做的。嘗試有時失敗、有時成功。

再補充一點，蘇利文說，這時期的孩子有時候會躲起來做（不是有建設性的）白日夢，這不是好事，而「敗犬」大雄有一畏縮就躲起來做白日夢的傾向。在這種時候，暫時讓他以為陪他一起做白日夢，再把他拉回現實的就是哆啦Ａ夢。哆啦Ａ夢是一台因為擔心大雄的將來，從未來送來教育他現實原則的機器人。

我懂了。哆啦Ａ夢擁有的小道具，乍見完全符合孩子夢想、能扭轉方向，讓事情發展對孩子有利。先不管「任意門」、「竹蜻蜓」那些都是讓漫畫像漫畫的基本條件，占盡便宜、無往不利的空想是不會實現的。亂用不公正的小道具，最後會導致比不用還糟的結果。這一點，能讓那些相信必須告訴孩子「現實很殘酷」的大人放心，所以父母願意買這套漫畫給孩子，原因在此。

但是，《哆啦Ａ夢》並不是只喚起了孩子的夢想。父母的心情，應該也有一部分想永遠停留在孩子小學、或是更小的時期吧，那個自己也還年輕、即使貧窮也無憂無慮的時期。《哆啦Ａ夢》開始時身為父母的人，現在大概五十歲左右吧。彷彿試圖喚起這個年齡層的鄉愁，孩子居住的地方，明明是標準東京的住宅區，卻找得到像是堆了水泥管的空地、或是有掉落一地橡實的後山那些「特別的場所」。

2

小學四年級以後，孩子會別無選擇地開始承受智力和父母經濟能力的篩選壓力。不久，父母也會開始承受孩子教育費的負擔、自己開始照料年事漸高的父母，以及本身職場責任加重（或家庭經營的複雜）等壓力。根據日本政府刊行的《國民生活白皮書》，也主張三十五歲到五十五歲是一生中負擔最大的時期。不僅如此，個人生病的機率過了四十歲會提高，必須預想本身和父母二代醫療費的增加。影響家計最甚的，住宅應該是最後的物質財產，接下來會是教育費和醫療費，就像現今的美國一樣。

這一點，從家庭經營的角度來看，會是緊要關頭，雖然有時也是前進的機會，面臨這種轉換期，為人父母者也會常常想逃進幻想的世界。

我認為，親子關係呈現阻礙親子成長狀態的，就是這種轉換期。親子能否理想分離，決定的要素之一，就是在這種時期，親子是否會對現狀緊抓不放，甚至試圖回到更早期的狀態。

親子間的連結，在幼年時期的樣貌當然也很重要，不過，到長大成人之前，還會有數不清的修正機會。

這樣說起來，《海螺小姐》的家庭成員在現實生活中，其實是幾乎很難找到的排列組合。在他們家，似乎設計成沒有人處於轉換期的年齡。不知道是不是基於這個理由，他們的家庭組織型態相當不自然，不過讀者似乎沒有注意到，這是因為他們家不存在讓人不安的因子。父母似乎是五十多歲、甚至更老，但卻有很小的小孩。育兒的責任，有年齡大一大截的姐姐海螺小姐幫忙分擔。這個姐姐已婚，不清楚她丈夫和父親家計如何分擔，不過，就算父親倒下，似乎也不必擔心年幼的孩子會流落街頭。這個丈夫的家人從來就沒出現過，省去麻煩因素。輩分間的界線不清晰，但有一定的秩序，而且輩分間的代溝也控制在最小的狀態。然後，沒有青春期的少年少女。如果把每個人物年齡加十歲，《海螺小姐》的世界就無法成立了。

至於《小福》，只有老爺爺跟小福二人。祖孫二人相依為命的家庭原本應該很悲慘，漫畫中倒是完全沒有出現生活的部分，存在的是祖父和孫子不必為自立傷腦筋的二人世界中，永遠的嬉戲。

這種脫離現實的情節，之所以能為大眾接受，或許有一部分是因為，那是戰爭腳步聲已響起的時期。《海螺小姐》用了許多社會百態當小道具，不過，如果讓小福的父母出現，恐怕就沒辦法避開時代背景了。

3

家庭歷史並不會維持一定的流速。穩定的日常持續數年之後，會有每年都有變化的轉換時期。以死亡為例，相較於平均每隔幾年有一個人過世的家庭，有更多家庭是十幾年、甚至更久都沒有人過世，接著在一、二年內有幾個人過世，只要畫出家族年表就會一目瞭然。孩子離巢也是如此，只不過，所謂的獨立（譯注：特別指經濟的「自立」譯為「自立」；其他則譯為「獨立」），也有很多種，包括生理上變成大人的青春期、心理上變成大人的時期、還有在社會上被視為大人的時期、經濟上獨立的時期、還有結婚形式的獨立。也有人結了婚還是無法獨立，不過，有了小孩、父母過世等，會是精神上邁向下一階段獨立的機會。

這些事，會跟上一代，也就是父母的孤立化平行進行。實際上，對孩子而言，獨立也有可能帶來孤立，對父母而言，孤立也是一種獨立（從對孩子的依賴中獨立），二者在進行中相互糾纏。特別是如果雙方同時遇上轉換期，想把當下「永遠化」的願望，會促使親子關係朝固定現狀發展。把當下永遠化的願望相當普遍，觀察漫畫受歡迎的程度也能察覺。萌生這種願望本身很自然，只不過親子雙方都有可能因此開始退化。

孩子的獨立，有些地方很難察覺。生理上的離巢準備，女性會以初經的形式出現，父母也能掌握；不過，男性就可能多半在曖昧中度過吧。心理上成為大人，並非一瞬間，不過有可能父母會在某個瞬間突然察覺。有點像孩子原本如同魚苗，一直是透明的。有一天，父母突然發現孩子變得不透明，不知道他在想什麼。認為自己對小孩的想法瞭若指掌的父母，從這個時期，原本的好父母會變成侵入式的父母。確立不可侵入的自我，就等於擁有不可侵入的祕密。

「食」是一種和「性」同等強烈的欲望，認為青春期的心因性厭食症，是反映在飲食方面的獨立障礙，提出這個卓見的是瀧川一廣。這個年齡的孩子，會開始遠離家裏的餐桌，有時晚歸一個人吃飯。總之，開始不再重視跟家人一起用餐這件事。食的「初體驗」，第一次外食（例如在朋友家吃飯等等）也是發生在這個時期，是很珍貴的體驗。但是，罹患心因性厭食症的孩子，會在這個時期開始對在家用餐出現許多糾結。事實上臨床有許多孩子，即使在家，只要不是三餐正餐，就吃得下。

此外，瀧川還指出，罹患這種疾病的孩子，有一個共通點，就是「無法指望靠自己」，他們是想跳卻跳不高的孩子。

這種逆行，據我觀察，往往發生在較關係緊繃、不愉快的餐桌上。比方說，掌權的祖母做出令人無言的油炸食物，大家必須合力吃完；爸爸特別挑食，每道菜都嫌東嫌西；媽媽察覺爸爸有婚外情，卻默不作聲；導致餐桌上充滿詭異氣氛等等。

可能在孩子獨立的過程中，父母的行為，與其積極督促他們獨立，不如幫他們移除擋在路上阻撓獨立的石頭。聲稱為了培養獨立心，讓孩子學武術、慢跑，這種斯巴達主義的父親，其實可說是透過這種形式調教孩子，站在路中間阻礙了獨立的前途，其實他們正是阻礙的石頭。其他常見的，還有父母把孩子當成「垃圾桶」的情況，選一個孩子當成傾聽自己抱怨的對象，例如母親對長女抱怨父親的不是；這並不是把他們當大人。我認為，這種乖乖聽父母抱怨的孩子，之後得到精神疾病的機率很高。孩子愈是同情父母，設身處地傾聽，遺害愈深。對孩子而言，要影響父母，也就是要改變情勢是幾乎不可能的。懂得怎麼逃掉的孩子還好，甘願扮演這個角色的孩子，就會帶著無力感漸漸熟知成人世界的背面。他們會覺得不能丟下這樣的父母自己獨立，而且成人的世界都是醜惡的，因此，很多孩子會比別人更慢踏上一般通往成人的路。

畢竟起點是知道沒有父母，自己就無法生存下去的幼年期，孩子對父母是相當小心翼翼的，或許比父母對孩子還要謹慎。我認為這種兒女對父母的小心翼翼，對兒女安心成人的妨害，遠比所謂父母過度保護孩子還要嚴重。

過度保護這個詞，其實常常當成逃脫的藉口。仔細一聽，會發現父母不但沒有過度保護，根本保護不足得驚人。孩子被父母灌輸「過度保護」觀念，會以為自己成長過程被父母過度保護，不過你稍微深究，就會知道他們過去一直處於沒有安全感的狀態中。所謂的過度保護，大概是在不安中育兒的情況吧。父母自己想被保護的心情，被調包為保護子女的錯覺。這種調包其實很常見。這種父母，會對著我們，用一種彷彿除此之外不會有其他答案似的態度說：「難道要我對孩子棄之不顧嗎？」我想，這句話顯示了父母本身無依無靠的感覺，以及他們對此的怨懟。

這樣的關係內含了病態的部分，會阻礙子女長大成人。

像這種利用子女的情形，時時會發生在任何人身上。我認為，死了這條心，也就是**不依賴子女，才是父母的成熟**。跟小心翼翼的心情一樣，子女會依賴父母、父母也相當依賴子女。而且，父母對子女的依賴，更難自覺、更難言明，也更常是病態的依賴。

很多兒子，在艱辛的獨立過程中某個時期會留鬍子，彷彿要切斷對母親的依賴似的。而母親（通常）是長不出鬍子的，所以應該會稍微畏縮退卻。這時母子之間的距離會拉開，就是母親和兒子之間出現轉機，變成大人與大人的對等關係。我覺得，**要求兒**

子剃鬍子，最好謹慎行事，因為它真的有可能演變成一種「去勢」行為。即使是大人對大人的關係，把妻子當成母親在依賴的丈夫相當多。還有，酒精中毒的人常見，在治療途中留鬍子的人，似乎大部分後來都復原得不錯。持續抗拒周遭叫你「剃掉」這種「剃毛壓力」，或許是一種考驗毅力的機會吧。

我認為，當年輕女性把一頭人見人愛烏溜溜長髮剪短的時候，也是一種攸關獨立的轉機。是不是表示「我不再是任人品頭論足的『女性』了」？可惜，目前還沒有任何一位女性告訴過我「女人剪頭髮時」內心的祕密，這個結論就先保留吧。守住那個祕密，可能是她考驗自我韌性的重要機會，或許還是不要隨便問比較好。何況，就算你惋惜地問她們：「那麼美的長髮怎麼捨得剪？」她們應該也都只會露出謎樣的微笑吧。

（一九八七年）

家人的深淵

——居家醫療窺見的種種

居家醫療（按：往診，應邀到病患家中出診）會讓現代醫師有種獨特的無所適從感，如果年輕時沒有跟著前輩醫師經驗過一次出診，可能後來一直都會對出診裹足不前。

這種無所適從感從何而來？

首先，應該來與自平時圍繞自己的巨大醫學裝備的切割。在現代，大醫院就不用說了，連小診所都有齊全裝備，水準超越半世紀前的大醫院。居家醫療的醫師會感覺像在浩瀚海洋正中央，從巨船上突然被丟到一艘小舟上。平時就算不是隨傳隨到，畢竟還有同事、職員的網路。而出診種種經歷，往往在整個人被拋出後，才會痛切感受到。

當然也有例外。離島、山村或是船上的醫師，應該比較不會在出診時感受到那麼無所適從，他們習慣在不充足的設備中盡最大的努力。

即使如此，離島的診療所現在的設備，已經具備足以令過去大醫院欣羨的水準。不知道是不是為了吸引醫師，擁有最高級機器的診療所也不少。另外，不管哪座島、哪個山村，自衛隊、海上保安廳、警察、消防廳的直升機都可以立即出動。

現在也有不少地方，可以叫救護車到出診的地方，有時候反而是救護隊積極尋求醫師隨車同行。

不過，即使如此，還是有一個條件，是平時包圍著醫師、出診時會被剝奪、必須靠自己臨場生產出來的。

那就是可以稱為「治療氣氛」的東西。這種氣氛，會像在身體周圍的一層空氣膜一樣，環繞著醫師，形影不離。用帶點漫畫式的描述，就是「穿起白袍走路有風」的氣場，包覆在穿越醫院走道的醫師身上的、好的部分、有用的部分、不可或缺的部分。那是一種醫師站上「自己的土俵*」時，會自然萌生的東西。

---

* 相撲的比賽場所。

出診時，離開的不只自己的土俵。進入一個異質家庭，必須留心不要被它吞噬。而且，這個家庭中有病人，還需要醫師進行居家醫療，可見病人有一定的的嚴重程度，家庭處於一種例外的混亂狀態，你必須進到這樣的家庭。並且，雖然是暫時的，還是必須建立一個秩序。

精神科的情況，這種混亂，也有和精神科以外的病患家庭相同的部分，不過有一點相當不同。

精神科以外的情況，也會遇到這種情況吧。假設患者在醫師來訪時處於昏睡狀態，家人會靜靜坐在他周圍，一臉憂心的表情。通常，在哭的人會退到角落去。醫師一來，一圈人會立刻後退，為醫師讓出一條路，醫師開始把脈、檢查瞳孔、量血壓。

當然，在這過程中，醫師的五官在蒐集各式各樣的資訊，完成基本檢查後，周遭會用不成聲的聲音、極盡小心翼翼地逼問：「怎麼樣？」醫師的回覆通常是「這樣有多久了？」之後就無庸贅述了。這幾乎是一個莊嚴的儀式。

不過，如果這位患者在進行某些治療手段時，出現痙攣的徵兆、或是臉部扭曲，家人的臉也會瞬間同步扭曲。沒有一起扭曲的人，是平時關係比較疏遠的親戚、或是基於人情在場的人。這種一致性（同調）相當驚人，會讓我懷疑所謂現代家庭崩壞、解體是在講哪一國的事。

這可能是存在人類基底的某種超越時代的東西產生的作用吧。這是醫師去別科會診時會經歷的：前來會診醫師在場時，請求會診的醫師身為「主治醫師」的責任，會減輕幾個百分比。這個時候主治醫師的表情，幾乎會變成家屬的表情。也就是，這種東西的作用在醫師身上也看得到。這種作用，醫師應該予以尊重；不過同時，醫師自己不完全擺脫它、就無法工作。

人在目擊快要落井的孩子，內心被牽動的東西，孟子稱之為「惻隱之心」，是性善說的根據。我說的跟這個很相近，但是，跟著孩子一起跳到井裏也沒有任何意義。我們必須思考怎麼做最有幫助。而在某個關鍵的瞬間，勇氣和怯懦、向前走一步還是轉身離開，只有一線之隔。這是電車裏聽到廣播需要醫師時，醫師一定會感到的掙扎。「既沒裝備也沒有心理準備。如果是病人倒在眼前，醫師會反射性跳出去，但這種情況下，完全不知道病人是怎麼樣的人。搞不好跟自己的專業相距甚遠，是自己應付不來的狀況，但是，如果見死不救，之後事情爆發出來，可能會遭到社會譴責⋯⋯」。有趣的是，只要有一個人上前，陸陸續續後面就會從四處接著有人跟上。接下來，只要集結大家的智慧，總會有辦法解決，周遭的人也會予以協助。往診這種「應召」，可說是某種形式的「出診、會診」，就像靜摩擦力遠大於動摩擦力，最先站出來的人最初的一個小動作，需要相當的心力，它的困難完全是心理層面的問題。

面對是否答應居家醫療的抉擇時，也會有這種猶豫的瞬間。其實裝備可以帶著去、也可以利用車程途中做好心理準備。通常事先得到的資訊，也不會像電車廣播徵求醫師協助那麼難以捉摸。不過，家人和好奇圍觀人群的情況非常不一樣(順帶一提，當個「協助者」還是加入「看熱鬧群眾」，也取決於一瞬間，往往也是一線之隔)。哪裏不一樣？就是超越純粹惻隱之情的家族連帶性。

應該每個醫師都不同，我第一次參觀手術時，差點暈倒，主要是受不了血的氣味。不過，輪到自己執刀，我始終都很冷靜，可以確定會成功的時候，笑話還脫口而出，血的氣味從一開始就沒在意。支撐醫師的並不是習慣（或許有那麼一點點），而是意識到「當事者是無以取代的」。我曾經有不得不單獨執行緊急手術的經驗，想起當時手術中腦海曾經閃過一個念頭：現在如果可以丟下手術刀大哭一場，該會有多輕鬆。

這種當事人的意識，在出診時，該說是停在距離跟家屬的感情一致還有一步的距離？還是說站在二者交錯的險惡位置呢？總之，醫師會被指定站在那樣的位置上。

這種險惡，可能讓所謂的醫師看起來更崇高或低劣，是造成醫師看起來不符合實際尺寸的一個重要因素。江戶時代，階級上醫師和僧侶一樣，被放在士農工商之外。不知道只是基於醫師要為所有階層的人看診的必要、還是有更深的根據。人類學者弗雷澤（James George Frazer）說：「曾經有國王、祈雨祭司和醫師地位相當的時代」。即使在現代，這種「邊界人」的特性也還保留了一定的程度。到了患者家的玄關，也不等家屬出現，只是聽到應答聲，甚至即使聽不到，也可以自己擅自走進去的，只有僧侶和醫師了。我也曾經驚訝於自己出診時，很自然地脫了鞋走進人家家裏。

擔任家族精神醫學的人，很容易產生一種看法：「生病的不是個人，而是家族」。因此，他們在精神醫學學者當中，也很容易變成一個突兀的團體。我未必偏向這種看法，不過，肯定這個看法是來自他們的體驗。住進患者家裏的精神科醫師，往往會受到異常氣氛的影響，化為其中一部分，弄到尖叫、大哭也不稀奇。我認為，這來自陷入危機的個人和其家人醞釀的類似氣氛的東西，在惡性循環中濃縮、變貌而造成的某種力量。

精神科醫師的居家醫療，讓驚慌失措的家屬，看到醫師這種肩負責任的存在，和將醫學具象化於其肉身的來臨、減輕他們的責任、帶給他們平靜，這樣是不夠的。光是現身能帶來平靜，這種程度還稱不上精神科醫師。

所謂的精神科醫師，可能目標在於：「投身於混亂之中，將己身這個要素，融入現場，藉此引發某些變化。在那些變化當中，即使是極小一部分也好，刻意創造脫離惡性循環或封閉的契機或種子。」這樣的行為，並不是盡力算計能夠推算出來的。精神科醫師當成一種觸媒，期待透過的媒介，是益處比害處還少的反應，但卻無法遍覽全貌，預知最終的結果。的確常常可以得到超越預期的理想結果，不過，那是意外的恩賜。醫師是整體配置的一部分，不過，扮演這樣的角色，即使是暫時的，卻必須具備掌控局面的能力。做不到的話，醫師就會淪為那個局面的奴隸，醫師存在於這種兩面之間。身為大情境的一部分，同時必須能對這個情境有最低限度的操控能力。維特根斯坦（Ludwig Josef Johann Wittgenstein）在筆記上寫著：「自己藉由完全放棄世界，在某種意義上，就可以支配世界」，恐怕，精神科醫師的角色，蘊含這樣的奧妙吧。

乍見之下，居家醫療有些地方採取的是單純的過程。例如，我曾經對聲稱失眠好幾天的單身者保證「我會待到你入睡為止」，給他服用少量鎮定劑（二毫克的二氮平*），結果一眨眼他就睡著了，根本沒機會問鑰匙放在哪裏，最後我回不了家，只好蓋著外套等天亮。這是好幾天的失眠、加上在那期間服用相當多的安眠藥、助眠劑一口氣生效的結果。還有，即使不是主治醫師的身分，而且還有一些彼此尚待磨合的地方，畢竟當時也經過多年歲月的合作，這部分的力量顯現出來了吧。

或者，有時候會有這種情況：從一開始就拒絕醫師進去。不過這種問題反而很單純。那位病患單身，某位同事接受家庭訪問的委託，結果病患拒絕讓他進去。第二天，他從門外打招呼，沒人回應，他把藥留在門口就離開了。一星期後，他再度造訪，藥還在那裏，他就換上他帶來的新藥。其實藥是一樣的，但他覺得更換這個動作本身很重要。過了幾個星期，終於有一天，藥不見了。他進到玄關，把藥放在上一階的地上。屋主（病患）雖然盯著他，什麼也沒說，不過已經不像一開始那樣對他咆哮。結果，他花

* Diazepam，又譯為地西泮，商品名有安定、煩寧、凡林等。

了半年的時間，跟屋主建立起治療關係，這不是以供應食物、而是以供應「人」來建立關係，成功的關鍵在於，他證明了有可能在不強制的情況下，讓屋主知道「眾人當中，也有人不是那麼有害、也不那麼咄咄逼人、會在你能接受的範圍內試圖幫助你」。

不過，回顧起來，這種例子幾乎全都發生在單身病患身上。由家人接待精神科醫師的情況，通常不會這麼單純。

當然，前往的一方和接待的一方，都有各式各樣的動機和排列組合。不過，家人會有一種非常強烈的現狀維持力，否則家人早就解體了。就算是被認為空有軀殼的家庭，一旦改變現狀的力量加諸其身，也會出現抗衡的抵銷力量。這就是一般所謂的「系統」具備的性質。再怎麼混亂的家人，一般而言，醫師的出現就是讓場面更混亂的因子，系統會視之為該消滅的東西，朝這個方向作用。

不過，需要出診的時候，是一種特別的時機。是家人叫醫師去的也好、周圍情況迫使他們如此也好，或是不管有任何其他動機也好，需要往診的時候，都不是普通的日常，而是在某種意義上「就是現在」的那種時機。醫師必須在那樣的時機中存活、並且活用它。患者與家人之間關係惡化、或是患者破壞東西，都是變化的時機漸趨成熟的徵兆，也可以想成患者的行為是為了加速這個成熟的一種付出。就算病人把自己關在房間裏，任歲月流逝，家人通常也幾乎不會試圖導入外力、改變情況。並不是患者的家人特別，一般所謂的家人本來如此，實施上，有不少人關在房間度過了超過半輩子。卡夫卡（Franz Kafka）的《變形記》（*Die Verwandlung*，譯注：又名《蛻變》）中，葛雷戈・桑姆薩（Gregor Samsa）與家人之間，幾乎建立起某種平衡關係，打破這種平衡的，是妹妹的力量。這種契機，現實中也有。有時醫師出診也會成為變化的契機。在「全視之眼」中，患者破壞東西、和醫師出診，應該是同一個次元的事吧。

精神科醫師的出診，沒有當場帶來理想的結果也沒關係。精神科醫師的行為（當然任何其他人的行為也是），常常要在幾年後才會顯現出意義。我曾經選了十幾名住院二十年以上的患者，進行繪畫療法等，總之就是會用在新患者身上的治療。在當下是無效的，周遭看起來，一定像是拚命對著牆壁說話。不過，據說過了五年以上，產生了變化。蘇利文說，強迫性精神官能症的人，對醫師說的話通常不會有反應，但大約經過六個月，患者就會把大致上醫師講的話當成自己的意見拿出來講。如果強迫症的人需要半年的時間，那麼其他疾病花更長的時間也不足為奇。其實，意外好轉的患者，或許是他們現在的醫師正在採收十幾年前醫師播種的作物（不只是好轉，相反的情況也可能如此）。

不論如何，沒有直接的改善也沒關係，精神科醫師結束居家醫療之後，留下的不能是更多的混亂、渾沌和相互憎惡。精神科醫師在家人眼中，只在是漫長歷史中演齣幕間劇罷了，不過即使如此，當下必須把它演好、演滿、演完。就算像研習中的外科醫師「手術動一半，很想丟下手術刀大哭一場」，只要這齣戲開演，就絕對不能中途放棄；而且，還不是扮演主角，而是「江湖術士（trickster）」、是中場搬道具的黑衣助手（按：日文漢字寫成「黑子」，發音為 ku-ro-ko）。

要下決心到患者家中出診，理想上在這一點上必須有勝算。但是同時，有時候必須上演「走一步算一步」的即興劇，即使不至於如此，也必定會面臨無法預期的事，最少必須具備跟外科醫師同等的「即興能力」，這是往診精神科醫師必備的能力。必須運用這種能力，不斷重新審時度勢，同時不停思考如何退場、也就是如何讓這齣戲落幕，必須具備想不出來就不離開的決心。

細節重要的不限於藝術，出診時，空腹、尿意或便意都是禁忌。這些事，會在關鍵時刻的節骨眼上，消磨氣力、讓你的表現功虧一簣。還有，接下來的預定事項都應該事先取消。在時間壓力下，原本做得到的事也做不到了。若是初診，最好牢記關於本人和家人的預備知識。也必須在地圖上確認好住家地點。不知道是不是因為處於非常狀態，家人畫的地圖常常是錯的。對當地附近的熟悉度，有時候會在出診這齣戲的背後立下大功。實在有太多時候，為了找路花費掉許多精力，最後到達目的地時，氣力已經消耗殆盡。家中的平面圖也最好先要到手。事先掌握住本人平時待的房間、和跟他見面的房間，一方面也是為了避免突然意外撞見彼此。在沒有心理準備的情況下撞見，有時候會讓患者心生恐懼，導致意外的不幸。

有時候會請家人來接，不過家人通常沒有那個餘裕。有時候就算把地圖裝進腦海裏，實際上去了才發現地勢高低起伏劇烈，從平面圖是看不出來的。如果是住宅區較偏僻的地方，要問人也沒得問，需要「處理意外狀況的應變力」。

與其單獨出診，帶著實習醫師更好，一方面避免找路消耗體力，但還有別的好處。一個人去，有時到了現場，往往會震懾於那個家庭的氣氛，自己也遭到侵蝕、吞噬。或者，有時候無法應對危機，像是有人出血、有人試圖從陽台往下跳、或者專心面對患者的同時，患者的母親那邊也需要人手，有時候需要用電話請求增加援助、需要人拿器材過來、幫忙叫救護車、負責說服跟負責壓住手的需要分工、需要顧慮母親或其他家人等等，只有一個人實在沒辦法。硬要貪心，很可能落得兩頭空，弄到場面混亂、不可收拾，或是消磨驚人的氣力。

還有，醫療氣氛，要在家人這種強固維持自我的眾人包圍下，即使只在一個局部空間（例如客廳）完全靠醫師和醫師身體散發出來。比起一個人，兩人合作會更好。該說是摔角的接力雙打、還是能樂的主角和配角呢？特別是家庭這種擁有強大磁場的場合，絕對需要一個人監控自己被耍得團團轉的樣子。

我覺得應該可以把單獨出診的人比喻為屢屢單獨潛水的人吧，內心徬徨，會有危險。雖然不是安部公房的《沙丘之女》，還是可能在心理上被這些家人困住、動彈不得。潛水夫只有在確信上方船上有人會緊抓住繩索、提供氧氣給自己的情況下，才能安心潛水。同樣的，我也必須確信有人觀察我的行為、幫忙記錄，才能放手行動。一個人出診，結果往往在記憶中會化為一場夢、甚至是惡夢。蘇利文提倡精神科醫師應該進行「一邊涉入一邊觀察」，如果單獨往診，很難脫離涉入的情境。而且，觀察的記憶會扭曲。在往診結束時，一般脫離戰場的人會編造出一個故事，洋洋得意地訴說這個屢屢不符合事實的故事，會感受到誘惑，想這樣做。這可能是一種為了消除緊張、恐怕是心理上一種健康的機制。但是，這種「自我戲劇化」，不但可以由觀察患者修正，也可以因為觀察者的存在而得以預防。我之所以處於家人的氣氛中，幾乎可以「跟他們一起瘋狂」，都要感謝「代表神智正常的他」也陪在現場。

沒有這個「他」的時候，如果有平時很少來訪的兄弟或叔叔阿姨在場，會非常有幫助。即使如此，醫師在途中陷入孤立無援時，還是會有時候必須冒著被指責虎頭蛇尾的風險，卻只能先退場、下次捲土重來。有時還必須為萬一發生的訴訟做準備，中間需要打電話給律師，逐一確認哪些行為不會發生問題。

這些條件，如果出診的是女性，或許會有一點不同。前面提到在面對患者時，有同事面對患者家屬會有幫助，或許女性比較適合。總之，在往診時，似乎有必要盡可能去除社會上賦予（英勇積極表現自己）的男性特質。我會一邊自我記錄自己的一舉一動，一邊掌握這些舉動在現場情境中的意義，然後構思下一個言行，在整體動向中定位，一邊摸索如何結束這一幕，在這種比平時高昂的意識中，同時試圖進行一種自我去除。

或許「自己在做些什麼」這種意識還存在的時候，事情容易停滯，因為這表示「船還沒划入主流」。必須覺得所有正在發生的事情都是注定要發生的。這並不是特別神祕的事，外科醫師在手術上軌道時應該也會感受到。不過，對外科醫師而言，患者會在全身麻醉的情況下客體化，而助手、麻醉醫師、護士會成為自己手腳的延伸。精神科醫師就不同了，出診的時候，局面從一開始就包圍在不如意、無法自由裁決的事物當中，自由的只有自己和經驗的記憶、或是蒐集數據、判讀狀況的能力、一種氣力、或是只能形容為身為人的力量之類的東西。如果要追加，還有某種有設限的樂觀主義、對意外事件開放的態度、萬一發生意外事件，也有心理準備，自己能夠讀取、轉換這些事件和隨之變化的狀況，降低有害程度、將之運用於有益的方向；同時，還要能維持自覺，知道自己是現在發生狀況中的一部分、而不是萬能的局面掌控者。如果有同事在場，維持這些事項就會容易得多。

而患者和家人，還有身為協助者的一面。在這一點上，在醫院裏的診療和居家醫療，根本上完全不同。恐怕跟要求家人來醫院進行家屬面談也相當不同吧，包括患者在內，出診時，整個家庭下決定讓我進入他們的城堡。從家屬觀點來看，這不僅是讓步，這個決定會完全改變與醫師之間的關係。從醫師觀點來看，自己會登上對方的土俵，成為一種完全仰仗一己醫師性質的存在，無依無靠。而對家人而言的醫師，是侵入者，同時也是應該納入自己陣線的兩義性存在，是潛在的戰友。就像這樣，出診的時候，醫師和患者及家人之間的關係，一定會產生很大的變化。在醫生眼中，家人不再是「患者家屬」這種命運安排的「平面性」存在，每個人看起來會是一個完整的個體。如果朝不理想的方向發展，跟家人會彼此熟識，導致跟患者的治療關係輪廓模糊或扭曲。不過我還是覺得，不只認識家屬、他們家的房子、庭院、進門後通往玄關的那一段路（最緊張的時刻）、或是鄰近一帶，都當成工作現場，即使只是走一趟也好。原來患者每天眺望的地平線、山巒是這樣的、會經過這段小路、眺望這些樹木、然後從這個角度看在廚房工作的媽媽，事先實地體會一下，會不知不覺在醫師內心產生一些變化。

或許有人會反問：知道這些事有什麼意義？會因此改變藥物處方嗎？其實並不會有什麼特別的變化。但是，**所謂的治療，是需要許多乍見無意義的事物、內藏許多提味的素材，才得以成立的**。我認為，放了愈多祕密提味素材的治療、水面下看不見的部分愈多的治療，愈能成為有深度的治療、屹立不搖的治療；聽說刑警為了破案，要到案發現場走一百遍；精神科醫師神田橋條治特別研擬「設身處地的技法」。

我並不是主張醫師在所有狀況下，都應該實際上了解患者家庭及環境。就像外科醫師，皮膚切開的部分愈小愈好，如果治療上可以不必切開更大的傷口是最好的；精神科醫師也是，可以不必知道患者和家人的祕密，不知道是最好的。

只是，我常常這樣想。精神疾病會不會其實是更容易治好的，只是妨礙治癒的要素太多，導致無法痊癒；我知道這是一種沒有根據的樂觀主義式假設。相反的假設是一種宿命論，難道這不會造成可以原本可以痊癒的人卻無法痊癒嗎？患者和家人過著無可取代的人生，我試著這樣假設，應該毫無意義，不是嗎？或許那些要素，就存在我們意想不到之處。

應邀出診，至少可以設法維持患者和家人的士氣。我認為，精神疾病是自然治癒力（縱使有個人差異）很強大的疾病，雖然這是有一點根據的樂觀主義式假設，但只要自然治癒力繼續發揮作用，維持患者和家人士氣，就會是最優先、恐怕也是最大前提的努力，其次才是維持現狀的努力。也就是至少不要讓事態比現在更惡化或混亂，這種努力是很重要的，甚至會覺得努力嘗試直接改善應該排在第三。特別對於患病一年以上的慢性患者而言，這是不能更動的順序。超過十年的患者，則應該最先著手於重振家人和醫師的士氣。

有許多初步的謎，是進行居家醫療之後才解開的。例如有一位少女，不斷表示十年來完全睡不著，還說她身邊有女巫。我幫她看門診的時候，一直沒有解開這個謎，看了幾年後，因為換地方工作，把她轉託給朋友。不過，在我又換一個地方工作時，頻繁打來的電話，讓我下定決心跟當時的主治醫師一起去她家出診。雖然是基於患者的請託，不可否定的是，一方面我心裏也很想解開這個謎。

少女的家是市營住宅（按：類似國宅），父親離開了，她們母女兩人一起住。少女堪稱白皙的容貌，還有令人無法相信她已經超過二十歲的天真。她最早出現在我面前時，還不滿十歲，先是母親來看診，她跟在旁邊，接下來成為診療的主角，當時的面貌，到現在幾乎完全沒變，不過，十年的繭居，並不是沒有留下任何痕跡。身為舊識的母親高興地迎接我，我們因為迷路，到的時候已經是晚上了，還下著豪雨。

完全失眠長達十年，發生的機率極低，何況體重還沒有減少，其實不大可能。問診時，少女表示自己有頭痛、眼痛和腳痛。我測了她的脈搏，一分鐘一百二十下，是促脈。這可能是來自她服用中的抗精神病藥。不過，她自己完全沒有察覺。我看了她的舌頭，虛證嚴重得驚人。長年患病，在地理學上叫做「雨裂」，在舌頭實質上形成像被雨侵蝕裸露的山一樣嚴重的裂痕，舌頭厚度很薄、顏色也淡。脈搏真的是弱而頻繁，我繼續把脈，少女很安靜。我在少女坐的椅子前方地上坐下，另一隻手輕輕觸碰她的腳底，暫時維持這樣的姿勢。

為什麼是腳底呢？因為碰觸身體更上方的部位很危險，實際上，少女一定會表示不愉快。有很多重要的偵測器集中在腳底，所以人才能用雙腳走路，還可以單腳站立。為什麼坐在地上呢？因為我想待在稍微仰視少女的位置，那是我的臨床眼，我想用態度表現我並沒有強制她。

時間流逝，每當母親要開口跟她說話，我就把手指放自己在嘴上示意制止她。我試圖維持這個家的寂靜。我已經下定決心，走到這個地步，就會待到得知真相、少女睡著為止。維持把脈一陣子後，我的脈搏也漸漸加快。身體開始發生合調（tuning-in）現象。我在這方面擁有較強的能力，但這是一把雙刃劍，一直以來，我屢屢為了脫離這種狀態吃了不少苦。不久她的脈搏跟我的脈搏完全同步化，我的脈搏也達到一分鐘一百二十下。不但如此，平時脈搏是六十，增為二倍，一般應該會像爬坡一樣喘不過氣，當時的我卻沒有任何痛苦，反而覺得時間流速減緩。眼前時鐘前進的速度正好減半，一切像高速攝影般變得緩慢，所有的感覺開啟、意識變得明晰，這大概正是少女每天的體驗吧。沒有感覺到任何痛苦反而很奇妙，我突然感到降臨到自己身上的危險。我已接近五十五歲，而且有侵蝕循環系統的疾病……。

在感覺變得敏銳的情況下，我聽見很大的「喀鏘喀鏘」聲，立即察覺巨大噪音的來源，就是病患母親做菜的聲音，她正在使勁上下翻鍋，再加上用力拌炒的聲音。這種聲音最讓人痛苦的地方是，在一片寂靜中突然響起，達到最高點，然後又突然消失。令人難以忍受的程度，就好像在瀨戶內海的島上架起橋梁，特急列車通過時，島上的人無法忍受。

理由是一樣的。不只在於音量的絕對值，音量本身當然也是問題，更痛苦的是接近絕對的寂靜突然被打破的那種突變性。調整適應了安靜場所的耳朵，和習慣噪音的耳朵不同，而且，為了警戒，聽覺比視覺還要發達，在這個功能上，在清楚細微差異、數字的不完全的情況下，擔任「微分電路式的」（實際上說差分式應該更適合）認知。聲音中細微的個人差異，即使相隔幾十年，還是可以再次辨識、認出聲音的主人，這就是聽覺的敏銳度。這種微分電路是禁不起「突變輸入」的。這是指從零突然輸入、或是突然輸入突然歸零的情況，是這種痛苦。

此刻我暫時接近少女的狀態，這種來自廚房的烹調噪音，我覺得難以忍受；對於長年一直在聽的少女而言，應該更難以忍受。每當突變輸入發生，少女的微分電路必然產生混亂。我假設「我家裏那個看不見的惡魔」，指的或許是這種「突變輸入」帶來的混亂。母親有突然使上全力的特性，而少女有難以習慣母親這種行為的特性吧。這是一種不幸的組合，想必也深入生活其他方面。

然後我突然發現：眼前的掛鐘，秒針的聲音每分鐘響一百二十下。少女的脈搏或許是跟時鐘同步了。我爬高把鐘弄停，決定讓這個家庭過一段沒有這個時鐘的日子，把它藏在鞋櫃裏。

我的假設是對的。她的脈搏漸漸趨緩，我的脈搏也跟著平復。至於母親，似乎主治醫師在別的房間陪她。

我再次體認到自己曾提出的主張。有一種患者，處於完全的被動，會將所有外界的刺激，像黏土遇到印章似的忠實接收，至少有一段時期如此。我做了一個假設：少女或許是在連脈搏都跟時鐘的聲音同步這種完全的被動中，處理日常外部或內部發生的輸入、不，應該說是單方面接收這些輸入。解決方式，是限制輸入、或是讓少女變得能夠忍受這些輸入。不過，這是個很嚴重的問題。當下，先讓少女睡著，至少事情會有可能朝向理想的方向變化。即使很微小，或許會讓母親和本人都懷抱希望。

我的指壓是在這種時候突發的行為。在這種未知數相當多的狀況下，其他的選項全都蘊藏著危險。頭部指壓，對少女而言具有破壞力；抗精神病藥，並沒有以往少女大量服用的藥物，事到如今也沒有該幫她開的處方，況且，這原本應該是主治醫師的問題。我繼續輕輕碰觸她的腳底。在她過去生病的這個龐大的時間巨塊前，這樣的行為幾乎等於無，但我想不出其他的方法。言語也是無力的，我已經十二分經驗過她那「乖寶寶」式的回應了。

跟醫學無關，我其實略懂指壓。我有一位舅公，聽說年輕時行為放蕩，我所知道的晚年，他在村子較偏僻的地方，有間小小的房子，他在那裏幫村民施以灸療、指壓，並且聽他們發牢騷、算是一種「民俗療法」。或許我繼承這位老人的一部分。不過，我並不是以針灸指壓為業，通常幫一、二個人做，就會精疲力盡，所以平時會盡量不為患者指壓，否則為後面患者看診的精力會大幅減弱。

一個半小時後，少女頭不痛了，說她睏了。我問她是好的睏還是不舒服的睏，她回答是好的睏。我說「妳可以回隔壁自己的房間喔」。少女靜靜進了自己的房間。她的頭痛起因於肌肉緊張，而我剛剛已經從她腳底感覺到她的肌肉緊張已經緩解。

這時候，當然母親試圖去照顧她。的確是理所當然的舉動，不過，我不想讓母親向來聲帶完全緊繃的聲音毀掉這一幕。我想到的是，釋迦牟尼讓來攻打自己出身部族的王族軍隊二度折返的方式。我在房間前面開始打坐，連我自己都覺得實在是齣蹩腳戲，但還有什麼別的方法呢？只要不追求「悟道」，要進入一種所謂無念無想的狀態並不難。外界看起來，像是成為周遭事物或風景的一部分吧，母親當然退縮了。不知道有沒有二十分鐘，隔壁房間傳來睡著的呼吸聲，總之我達成了一些任務。

不過，問題在於，如何在保留良好效果的情況下結束這一幕。我拜託母親，今天不要叫女兒起來吃飯，就讓她睡，明天也不要去叫她，不知道她實際上積欠了多麼大量的睡眠。接著，我告訴她我把鐘弄停並且收起來了，然後臨時決定把自己的手表交給她，請她暫時用我的表代替鐘來看時間。母親點點頭，然後，邀請我們到隔壁間吃她準備的豐盛晚餐。

我很猶豫。她有接受社會福利補助，那是她用盡全心全意準備的一餐，但我的目的不在於母親。我不能和母親變得比身為當事人的少女更親密。我為了讓少女繼續睡，我不停消耗精力抑制很想做些什麼、很想照顧女兒的母親。用餐當然可以舒緩我的緊張，增進跟母親的關係。不過，不吃的話，母親丟掉這些食物的心情，一定會很落寞、覺得自己遭到拒絕。這又會如何波及少女呢？

結果，我合掌道謝，然後象徵性地夾了正中央的菜餚吃了一點，然後維持合掌的姿勢，用倒退的方式告辭離開。主治醫師在聊了幾句後，也告辭追上來。

這樣的落幕方式，究竟是對的嗎？我到現在還會回想這件事，結論依舊擺盪。我推薦了一種漢方藥（譯注：日本的漢方藥不完全等於中藥）給主治醫師，我問主治醫師，他怎麼看這個過程，他說：「我只知道你稍微用了一點演技」，我回答他：「不過，那個家從來沒有過安靜的兩小時吧？也就是，我在那裏製造了兩個小時的安靜。」

其實我可以談的還很多，不過，對此我很排斥。要談論我所有的經驗，當然會有所顧忌，因為等於公開過去不曾出版的精神分析真實現場紀錄。當然，如果不詳述在當下我心裏發生的事、我每一次建立的假說及修正，就只看得見事態的一半，這是不公正的，而且也會將讀者導向錯誤的方向。

在這裏，我希望大家注意：在精神分析中堪稱詳細的紀錄，進行居家醫療的時候，只不過是單純田野調查筆記的程度。個人會在抵抗到最後時，才顯現幾分無意識的祕密；在出診到家庭，至少在危機中的家庭時，卻會一次弄清超越家人意識的深淵，往往會「看見太多」。

我並不反對對家庭系統化的掌握。只是，要留意美國的家族研究是移民社會的家族研究。日本的，特別是有數百年家譜家族的家庭中發生的事，顯示除了俐落的系統理論能解釋的部分之外，底層還存在另一個叫做「家的深淵」。

曾經有一位新嫁娘，從蜜月旅行回來，經過娘家門前，受到看不見的力量吸引，回到自己的房間，然後就出不來了。這是怎麼一回事、他們家有什麼歷史，不方便寫出來，總之，把她從家裏拉出來，需要某種才智和許多人的協助。完全不是丈夫的問題。

結果為了讓她回到丈夫身邊，必須在跟夫家和娘家等距離的醫院度過一個冬天。由她哥哥（同時也是丈夫的朋友）負責接送。丈夫從很遠的地方，每個星期六開車去看她。如果不是這樣，不會得到最後的圓滿收場。我聽說，有別的女性結果一輩子沒有離開娘家。

較有歷史淵源的家族，常常會發生這樣的問題。多半發生在女性身上，不知道是不是因為，男性就算留在村子裏，也不會關在家裏，需要擔任分擔村子權力的職務。有一位女性，從疾病的生死邊緣撿回一命。在復原期間，約有一個月她處於意識朦朧的狀態，一直臥床。據說在那段期間，有無數的祖先圍在她身邊，一一跟她道別。她說，最後，小時候很疼她，已經過世的祖母跟她告別後，那一大群幻影才不再出現。最後，這位女性和丈夫一起離開這個家，到別處蓋了新家。

就算不是有歷史淵源的家族，還是有人現在還住在保留戰前原貌的房子。在這種家庭，也會感受到某種束縛力。會有一種時間移動到自己幼年期的錯覺。我曾經請一位丈夫先住進夫人娘家的這種房子，從那邊通勤，因為夫人發病的原因跟新蓋的家有關。對於在不同環境下長大的丈夫，似乎有很強的衝擊，眼看著他一直瘦下來，不過為了夫人好，他還是撐住了。

可以感覺到丈夫的體貼帶來的助力，對女性的復原影響非常強大。同時我也感受到這些生病的女性，擁有乍見之下看不出來的力量，能夠引起別人的體貼。醫師的任務，或許在於藉由用心治療，讓這種引起別人體貼的能力（對象應該不限於丈夫）不要磨損或消失。還有，不要像一般家庭一樣，耗費丈夫或家人過大的心力，導致疲憊抑鬱吧。

關於家庭，再補充一點：我認為，藉由丈夫的參與或是醫師的出診，可能打破封閉的平衡狀態，重新獲得開放和改變的能力，是一個關鍵。姑且不論丈夫，醫師應該扮演江湖術士的角色。實際上，回頭想像往診過程中自己的樣子，總有幾分滑稽。或許這是因為，所謂的醫師，也不過是「治療」這個更大情境當中的一個因子罷了。

（一九九一年）

第三部

職場和社會

在職場中工作的精神病患
——以復原問題為中心

1　病者的「權利」與「義務」

美國社會學者塔爾科特・帕森斯（Talcott Parsons）的制度化以來，在醫療社會學或醫療人類學領域存在一種想法：對身處「病人角色（sick role）」的人，社會認可「二項權利與義務[1]」。

以我的理解、配合日本的實際情況微調如下：

第一項權利，是「免除勞動的權利和休息的權利」。請病假是「理所當然的事」。

第二項是「接受治療的權利」，跟第一項呼應，就是「最優先獲得治療的權利」吧。

此外，義務可以描述為「秉持努力治癒意志的義務」、「和治療者合作的義務」。這些權利及義務，套在精神科患者身上來看會如何呢？我覺得義務方面不大能期待，而權利方面，則慢性受到威脅。這是無可奈何的嗎？

我認為，「精神」病患者「努力治癒的意志」，一般而言不會輸給「身體」病患者。只是，就像「身體」病患者有時會感到絕望一樣，「精神」病患者也有絕望的時候。不，其實是常常，看慢性患者長期歷程的紀錄，可以明確指出「患者開始絕望」時間點的情況並不少。例如，結束外宿回到醫院，會說「我受夠了，以後一直待在醫院就好了」、或是出現粗暴行為等。這邊存在一個反問：倘若沒有「病識感」，又何來「努力治癒的意志」呢？如果把「努力治癒的意志」改稱為「努力脫離現狀的意志」，那麼我想會有很多人認同，許多沒有絕望的患者都具備這樣的意志。而給人一種印象：「選擇不逃往山腳下、而是逃向山頂的遇難者」，也會覺得，有的確是有，而這種情況在身體病患者也並不罕見。

順帶一提，沒有明確痛苦的疾病，即使是歸於「身體」疾病(2)，也不容易有「病識感」。實際上，一般會用一種手段——若無其事、但不由分說地提到對生命造成的威脅，誘發對死亡的恐懼，讓患者刻下印記，把自己定義為病人。即使如此，往往「身體」病患者得敲二、三位醫師的門，才終於接受這個事實。精神科疾病更是如此，會威脅到性命的，除了一部分例外，通常被認定無礙（或許對患者而言，肉體的生死在那個節骨眼上，已經是旁枝末節了）；反而是承認「有病」，會大幅降低自己在社會上的安全，這是顯而易見的。不僅如此，還不得不導出一個結論：這包含了一種意思，就是自己的判斷原理上不能信賴，也無法得到周遭信賴。這種承認，是獨立於疾病之外的另一個危機。

「自己是瘋狂的」這個認知，邏輯上是一種悖論，對現實具有如陷深淵的麻痺作用。當周遭用這種眼神看待自己，多數患者都會立刻敏感察覺。周遭的人，會露出一種類似面對不知道自己病情的癌症患者般奇妙憐憫與優越感，讓患者覺得，有一道混合這二種情感的、打不破的玻璃，隔在自己和所有人之間。這會讓患者焦躁，想要積極強調「自己並不瘋狂」、或是在大家面前用邏輯證明自己並不瘋狂。但是，這些行為反而更會讓人覺得瘋狂，不管解出複雜的因數分解、還是背出長詩，「試圖證明自己並不瘋狂的這些行為」本身看起來就極為瘋狂，正是典型的愈描愈黑。

不過，正如許多人認同的，病識感確實存在，許多有「身體」疾病經驗的精神病患，會拿自己體會過的急性盲腸炎比較，證明精神疾病「不像『身體』疾病**可以數得出來**」。(3) 如果這些證詞為真，或許患者並非缺乏病識感，而是震懾於過度的病識感，因為無法相信憑眼前的治療者或藥物等可以幫助自己脫離現狀，所以才拒絕治療。曾有一個案例，急性發作時，患者的哥哥硬灌他喝酒，想讓他喝醉。患者雖然聽從了哥哥的方式，結果還是來我這邊報到了。後來他說，自己當時憑直覺就知道那個狀態，並不是靠喝酒之類的方式就能矇混過去的。

或許是因為這種迫切的感覺吧，我覺得，對治療的合作，可能也是「精神」病患者凌駕於「身體」病患之上。例如服藥順從性（drug compliance）（順帶一提：這個詞意指「患者聽從醫師囑咐付諸實行的程度」，詞源正是「相互讓步」），我覺得慢性「身體」病患和慢性「精神」病患，很難說何者服藥順從性較高。精神科多數患者是在沒有被告知期限的情況下，服用多種藥物、長年固定去醫院回診，一、二個星期一次，這其實是一個值得訝異的事實。這絕對不是一種「惰性」，而且，即使「對治療的意欲」得到鼓舞強化，多半只因為那是一種飄渺的「威脅」。每當在病例報告等場合，接觸到有人報告「多年以來固定就醫」等，我都會想，這其實不是在講患者，而是醫師，這些醫師等同自白他們自己一直以來進行的是固定診療。「固定就醫的患者」並不存在，一旦自己患病，你就會立刻領悟到這件事。

我想說的是，在這種情況下，患者的權利及義務是自然而然地指示治療者該做的工作。首先，實現患者「免除勞動與休息的權利」及「接受治療的權利」，總體上是治療者的職責。或許也有人認為這是「社會該做的事」，但首先必須有人先對社會，也包含病患家人，說服並承認這些權利，這也是治療者的工作。

我們不能忘記一個事實：讓患者實踐他們的「義務」，也是治療者的工作。治療者如果沒有明示所謂「有助於痊癒的行為」究竟該朝向什麼方向努力，那麼患者陷入徬徨、絕望，也不足為奇。而醫生提到「在治療上的配合度」、「患者不配合」，也不能怪別人認為那只是藉口。只不過，要用患者能理解的表達方式，適切告知他們、並且不造成他們的恐懼，需要相當的心思和努力。不過，這是精神科醫師（不，恐怕是所有醫師）基本訓練之一，這種心思和努力自然會讓臨床醫師進步。

2 病患「工作」或促成病患工作，一定有治療效果嗎？

即使處於確保免除勞動期間，病人，特別是久病患者，如果本人有在未來工作的意願、也必須工作，就會在治療的後半開始做準備。把它稱為復原、把這個時期稱為復建階段，是很合理的。但是，我認為需要有幾個保留空間。

第一是美國精神科大量去機構化[5]之後的經驗，即使在治療後期，狹義的治療是復原（讓他們建立起生活模式——可以包含勞動——[6]）、或者無法用社會工作（或許也等同於支援他們當一個可以「棲身於世之患者」）取代，塞爾班（George Serban）的這個結論，是從紐約州中心地區十年的追蹤調查歸結出來的。在日本也是，回歸社會病棟，治療陣營較薄弱，不少地方近似康復之家，這是個不容否定的印象。

第二，復原的目的並不是單純為了「去工作」，應該是面對人生的多樣性，展開每個患者個別人生的手段，因此，不只是職業教育。身體疾病的復原，比精神科的復原更著重於恢復全面的生活，這難道不是精神科醫師應該學習的態度嗎？[8]

第三，既然「復原不能取代狹義的治療及社會工作」，那麼，把治療目標和復原的目標直接劃上等號，並拿來取而代之，當然是不正確的。

之所以特地提出這一點，是因為有不少人會把僅屬於復原一部分的「工作」，當成廣義治療目標的同義詞來使用。過往至今，極端一點的例子，患者或其家人、不，甚至連醫生都會將「工作」與「痊癒」幾乎視為同一件事。

我認為這種見解乍見非常合理，其實會招致各種混亂，甚至長期下來會促使病情復發。當然，如果痊癒了，如果沒有其他苦衷，很多人就會試圖開始工作（並非倫理上**非**工作**不可**）。但是，絕不是「去工作就代表痊癒」，這只是一個階段。就跟許多慢性病一樣，即使還沒痊癒，依舊可以從事某種程度的工作。有許多慢性病都可能一邊工作一邊繼續接受治療，在這些情況下，社會必須保障他們還是「以治療為優先」。不過，將「去工作」和「痊癒」劃上等號，和將「不服藥」和「痊癒」劃上等號，可以並列為患者本身和周遭都容易陷入的二大謬誤觀念，而其結果是無益的焦慮、是性急與挫折。

相較之下，以「服藥」為例，可能還有很多人可以理解「只要不服藥就等於痊癒」是患者的一種誤解。而套在「工作」的情況下，事情就變得曖昧多了。「去工作就代表痊癒」，源自周遭的壓力。患者有時會講得像是自己本身的想法，不過，各位沒有感到語氣中有復誦別人話語的感覺嗎？在「無法工作」這個命題下，患者一直受到慢性的貶低，即使沒有這些蔑視，他們的自尊心也早已深深受傷，而為了恢復受傷的自尊心，許多患者都會勉強自己去工作。如果你試著問：「你真的覺得工作這件事那麼好嗎？」患者（在有信賴基礎的前提下）會開始訴說其微妙之處。但不論是不是患者，這種勞動都很難持久吧。(9)

談到「工作」，之所以視同治療，是因為只要能促進健康，談論這件事就代表治療者絕對沒有放棄患者，當然只限於這個話題不會把患者逼到死角的情況。而我想補充一點：在確定身心餘裕及生活基礎之前，不該勉強精神病患去工作。

這樣一寫，我自己也開始覺得，這一點好像不必這麼嚴肅特意主張，但這個主張，卻常常遭遇料想不到的強烈阻力。一個是基於物質理由，像是「經濟條件上沒辦法這麼優哉游哉」、「人生更殘酷」這些反對意見。這些反對意見的確乍見無法反駁，但在我觀察中，這是一種對「病者權利」的否定，並且違反所有社會規則。太早重新開始工作，長期下來多半會步上復發、慢性化之路，進而帶來更大的經濟損失，這一點，我認為跟結核病是一樣的。

當患者開始復原，本人想「去工作」、家人想「讓他去工作」，這個時候，能夠維持冷靜立場的，只有治療者。我的經驗導出的結論是，用「弓拉到滿，再放手射箭」的心情去評估，才會恰到好處。

在以物質理由提出的反論中，帶有一種現實：「工作是不得已的」、「工作像是活在世上就得付的稅金」。不過，如果是家人感嘆「跟你同年的某某某已經升上某某職位，收入多少多少」，那又不一樣了。這摻雜了家人的願望和幻滅，並不是真正的經濟問題。在這條延長線上存在的，就是該稱為意識形態的問題，例如：「工作是好事」、「若有人不肯做工，就不可吃飯」這類說法（日本憲法也有「國民勤勞的權利與義務」的規定）。但是，對著一般受疾病之苦的人做此等發言，說保守一點是殘酷無情。最後一句是使徒保羅說的，背景是勞動階級遭到鄙視的古希臘羅馬世界。

可是，這種言論，從家人到治療者、社會福利工作者，都很容易不小心脫口而出。這是怎麼回事呢？他們不是一邊把「精神」病當成談論時需要壓低聲量的重症，卻同時採用了根深柢固的「病者怠者」（病人就是懶人）之說嗎？這個思想，可能源於對近世西歐停止對女巫處以火刑，取而代之的是，開始對「不從事勞動者」，也就是流浪漢、妓女、精神病患進行勞動改造。其開端為十六世紀後半，喀爾文教派信徒在荷蘭開設「紡紗廠」、「伐木場」，這就是近代精神病院陰鬱的起源。到了十八世紀，西歐許多精神病院是穩定獲利的。雖然如今已消失殆盡，當我聽說十世紀阿拉伯的精神病院高唱「休息、音樂、水浴」，不但從中感受到柏拉圖哲學對「憂鬱症」治療想法的影子，同時也覺得，這個沙漠商業民族，早在當時就深深體會到綠洲的拯救與療癒意義。不過，在西歐，除了牢獄模式之外，也並存著修道院模式。

至於勞動是否神聖這類議論，我不打算讓自己捲入其中(10)。其內容在狩獵採集社會和農耕社會又有所不同。

3 一般而言，人為何工作？

有的的患者麻將打得很好，卻無法從事簡單的勞動，這的確是一個議題，在回答之前，我們先思考一下人原本為什麼工作(11)。

第一個目的，不用說，當然是「取得金錢」。這是為勞動設下極限、使其健全的一個很大的因素[12]。只是，取得貨幣，求的當然不外乎滿足欲望或是增加安全感。通常是混合兩者，而患者則主要是後者。有些患者在短期內得到相當收入[13]，其強烈動機既非來自威信亦非來自擁有欲，而是安全保障，繳完稅金後，他的感想是：「現在我什麼時候生病都沒關係了」。這種強大的安全保障感，當然發揮了讓他遠離疾病的威力。通常，患者藉由工作得到的薪資微薄，但儲蓄率卻異常地高，幾乎找不到浪費的人，只要跟患者熟了立即就會發現這點。但同時，他們大多都不是單純愛囤積而已。只是，單純奉獻給增強安全感的貨幣取得，不管在心理上或現實上都缺乏滿足感。

第二個目的，當有工作、取得職位時，會得到一張「通往社會的安全通行證」，而這會成為安全保障感的基礎，這在日本文化中是非常強大的一張王牌。和躁鬱症圈的人相反，我覺得日本的患者一般而言，並不會對特定組織的歸屬感抱持強烈的正面情感。談到自己目前工作的地方（無關乎其社會威信如何），不同於躁鬱症圈的人，患者都會害羞或是很沒勁地降低音量。我沒有遇過以自己公司「等級」為傲的人。即使是日本最頂尖的公司也一樣。但是，他們了解「大樹底下好乘涼」，也認同其必要性。

第三個利益是提升自尊心。不過，與其說提升，不如說或許更常見的是減輕自卑的程度。這一點深受社會規範，在現代的日本，基本上「工作」應該不會招來自卑吧。只是這裏存在一個問題：把自尊心完全寄託於工作的生活方式，存在著偏差的危險。遇到疾病、年老時，一個人的精神健康會如何變化？他的自我價值感不會像股價般隨著工作表現不斷波動嗎？特別是我們的患者，實際上有可能因患病無法再度工作，我認為反覆幾次的自卑，長期下來，很可能導致自尊心逐漸喪失，難以復原。不論是不是患者，喪失自尊心的人，不是一種對本人或他人而言，都不幸且棘手的存在嗎？

我認為，最好讓患者將自尊心，建立在進行中「名為治療的重要工作」上，這同時也符合治療優先的原則。「說你游手好閒根本太荒謬」、「不管你有沒有意識到，你的身體正在從事治療這項重要的工作」，如果治療者可以真心如此相信，並且這樣告訴患者本人和家人。同時，沒有失去對病者的敬畏，並且認為自己正在跟這位患者一起從事「治療這項偉業」，我可以告訴你，你會得到許多患者的認同、也能影響不少家人。醫師不是會對癌症患者這樣說嗎？那為什麼精神科醫師不行呢？

我們再回到「工作」這個話題，第四個利益，是主要為身體感覺的所謂「功能樂欲」（Funktionslust）。動完外科手術的啤酒特別美味，精神科醫師也會在完成工作後有一種充實的空腹感。這是潛藏於「工作」這種「日常」中「非日常」的一面，是喜慶節日般的要素。我期望在復原中，也能讓患者體會到這種能帶來功能樂欲的勞動。(14)

第五個利益，是「工作」中蘊含的溝通價值。以製作物品、達成一個工作為媒介，產生的鮮活人際關係，孕育出積極的訊息。這一點，跟第四點有創意的（一人關係—自我關係—性質的）「功能樂欲」或許有些相通之處。

第六個利益是凸顯「休息」、強化「休息」深度。出乎意料之外，其實這一點非常貼近本質。「完成這個階段就休息吧」、「這種時刻的啤酒特別好喝吧」、我認為這類動機通常名列前茅，屬於要等待才能獲得的利益。生理學上不也證明了「回彈現象」這種休息的深化嗎？也就是為了暢快「休息」而工作。復原科學首先不正是一種休息的研究嗎？

第七，這是賦予人生起伏變化的要素之一。不過，充其量只是其中之一，而非全部。

第八，這是人際關係體驗的基礎之一，這是眾所皆知的。

這樣分析下來，有患者「可以打麻將但無法工作」，就沒有那麼令人不解了吧？第一，患者的薪資酬勞一般微薄，提高威信、自尊心、或是加強歸屬帶來的安全保障感，如果只是當一個次級勞動者，或是受領施恩性質的薪水，做為動機的影響力大概也有限。至於加強功能樂欲或溝通，或許有那麼一點，不過我想一般並沒有那麼強（而休息的深化以下各點，則端視周遭對患者體恤顧慮的程度而定）。整體而言，患者能夠從事像麻將這麼複雜的四人遊戲，這個事實似乎具有兩個面向：在帶給患者、也帶給我們勇氣的同時，也顯示出他們陷於「無法工作也無法休息」的困境中。

4 身為「有工作的人」之非患者與患者

其實，我們並沒有什麼機會仔細觀察人的各種工作狀況。親身涉入其中觀察的機會應該更貧乏吧。我們除了非常單純的作業，例如裝糕餅禮盒之外，很難實際去體驗什麼工作。(15)

在認同這種限制的前提下，我們觀察非患者的工作狀況，你會訝異於當中交織相當頻繁的休息活動。比方說，我們來觀察一位看起來很忙的上班族(16)吧。他不停製作各種文件、接電話。可是，在那當中，他可能會點根菸、喝杯茶、喊聲「好累」什麼的、然後重新在椅子上坐好、在椅子上轉幾圈、跟同事開開玩笑。說不定在去廁所的半路上望向窗外、佇足個幾十秒，回程再繞到別的部門晃一下，絕對不愁沒有摸魚的藉口。

你會發現，並不是所有工作都如此，例如打孔操作員就沒辦法。他們應該因為很容易得腱鞘炎，所以會規定較頻繁的休息時間。一般而言，近代勞動中，管理者和勞動者要休息的可及性有相當大的落差（伯特蘭・羅素〔Bertrand Russell〕將勞動分為「將物體由 A 點移動到 B 點的勞動[17]」和「監督其作業的勞動[18]」，並且質疑為何一般認為後者較佳）。現實中勞動者較受侷限，差別在於是否能自我管理休息，管理者可以管理自己的休息。其實，人想維持精神健康的心理傾向十分強烈，所有職業的人，一般都擁有不為監督者所知的「小小遊戲」和「祕密樂趣」，連奴隸也不例外。

讓我深受感動的是前近代勞動，具體來說，是那些從事山林採伐的老練勞動者。他們一邊警告我這個急性子的臨時工，一邊踩著近乎禁欲的小步伐，抬高膝蓋，緩緩攀爬著山路。預留充分「飯後休息」的時間，工作到最後，一直維持不流汗的狀態，然後下山。老前輩講話風趣幽默，沒有讓年輕人感到無聊。

不過，患者不知道是因為不習慣這個世界、還是內心習慣擔心被人看到摸魚會挨罵，總之，他們似乎非常不擅長頻繁在工作中安排休息。應該說他們就是因為不善於休息導致無法工作，還更為貼切。實際上，休息時間或是下班後，他們也始終處於緊繃狀態。動機強烈的患者，他們工作的時候是幾乎不休息的，而且有時持續不休息的時間比非患者還長。這或許有點難以置信，不過常常演變成患者談工作滔滔不絕，聽的人反而先受不了，心想「可以停了吧」。這就是患者動機十足情況下顯現的持續力。不過，你去看第二天、第三天的患者，他們會精疲力竭、有時甚至引起微復發，這樣的例子並不罕見[18]。患者的「行動」模式，有點像那種不考慮後果（或是沒有餘裕顧及）就去爬高山，而且是不迂迴也不休息，也就是所謂「陡上」的人。該比喻為呼吸沒有「肺泡死腔」、還是「沒有雙重底」呢（按：「死腔」是指氣體進入呼吸系統但不進行氣體交換的空間，雙重底是指如同英文字母 W 有下有上但最後仍往上）？總之他們工作起來會把所有氣力用盡，彷彿總是使出「火災現場的蠻力」一樣。就連單純作業，也會一口氣把油門踩到底，這其實是挫折、放棄，有時是復發的前兆。

通常大家在職場中所見，可能多半屬於**動機較弱、「斷斷續續又拖拖拉拉」的勞動**

型態，或許這樣能夠保護生命。因為動機過強的勞動，往往對身心具有破壞力。

5「工作的患者」之前提

「工作的患者」還是患者。因此，從錯誤中摸索的過程，應該可以允許大幅放寬對他們的要求。同時，他們處於「治療優先」的原則下，在社會上這是不是一份「正規工作」，對他們而言並沒有差別。

首先，我們來思考一下讓患者「工作」的前提。應該是循序步上復原的步驟之一，只是這個步驟是以生產活動為復原的一部分。

因此，我的提案如下：

第一個提案是，把重啟新生活的活動，包括經濟活動，首先一律視為**溝通活動**[19]。

從這個命題得出的一個結論，或許有點令人意外，就是相較於貨幣取得（生產）活動，其實應該優先進行貨幣消費（購買、贈與）活動。

貨幣取得活動，一般是和極少數較固定成員共度的一種高束縛度的活動。即使是大規模活動，個人還是只會跟少數人有接觸。而且，一般多為單調的，幾乎強迫式的反復（循環）活動。即使外界看起來是節日喜慶類活動，對於當事人而言，大部分很單調。例如，醫生的工作，並不像有些人羡慕的那樣。多半是面對髒汙事物的單調勞動（即使精神科醫師，也是一種面對「心理層面髒汙」的工作。需要刻意說明這是跟患者的共同作業嗎？這一點並不是精神科醫師的特權。(20)

相較之下，消費活動則以較多、較能自由選擇的人為對象、而且低束縛度、具備多樣性。更別說當中還蘊藏了轉向製作糕餅、餐點等提供消費生產活動的可能。收拾、清理等也是相當具有創意的工作，多半從事的環境也有足夠的溝通機會，而且在人的復原過程中，一般出現在生產活動之前比較自然吧。

個體也是，一般起始於孩童時期，被動參加家庭消費活動的一部分，在某個時間點，開始獨立的消費活動，就算是家庭活動一部分的情況，也漸漸變得較有主動性質（例如替家人跑腿），然後自主部分漸次擴大，最後變成完全以自己為中心的消費活動。

分擔家族生產活動的一部分，在農漁村或家族經營的小型工廠是很常見的。然後，一開始擔任的通常是周邊的勞務或是本行的學徒，多半是能滿足較多身心功能樂欲的勞務。不過，對於在都市生活的人而言，往往即使在消費活動完全自立後，生產活動（貨幣取得活動）依舊尚未自立（得到父母的資助、或是寄生於父母的家計中），生產活動自立的時間點放在結婚、甚至婚後的情況也並不少見。而讀書優先於參與家事的青少年的日常，則易流於黑白單一色調。

無論如何，進入一個新階段的「初次體驗」，是一項具有節慶性質的重要事件。其實比起貨幣取得活動，在消費活動（購買或贈與）中這種節慶性質更為顯著。我們應該都記得自己第一次出門購物那一天、自己買票搭電車那一天，手心滲汗的體驗。而孩童的經濟活動，常常會是贈與這項重要的溝通活動。這部分，預期日後將成長為和朋友、情人、進而到配偶、家人間重要溝通活動一部分的贈與。其實有經營公立復原中心經驗的小山內實提出過，這些活動的階段性發展，或許發病前的患者就已經有所欠缺了[21]。

消費活動原本就是「選擇」這種重要活動的重大環節之一。患者往往不擅長選擇，常試圖迴避選擇、或是盲目選擇。不過，在貨幣消費上，能夠在安心的情況下，大幅進行摸索、嘗試、中止或重來。一般而言，在日本，買方占優勢，保有選擇權，而不管是過程還是結果，多半能帶給買方威信及餘裕。即使是精神科醫院前的商店，買了東西，店家至少會對患者理所當然地道聲謝、講句討人開心的話。當然，這樣的經驗對精神健康不會是壞事。

如上所述，我們可以說消費活動一般比生產活動溝通密度更高(22)。往來於彼此之間的，不只是金錢和商品，還可能是言語、微笑、甚至有一種類似「調整頻率接收信號（tune-in；同調、合調）」的行為。這個因素相當重要，在這種人際互動中，要是缺乏快感，甚至會導致買方遠離。而且，沉浸在餘韻中的樂趣，相較於生產活動，毫不遜色，甚至凌駕其上。有一位患者，總是興致勃勃把他跟理髮師之間的對話講給我聽。在老理髮師面前，他會談自己的病，甚至談在醫院的種種體驗。

再者，生產活動，要跟有效的消費活動產生連結，才有可能成為滿足的泉源。否則，包括儲蓄，全部其實都是追求安全保障的活動，並不能帶來直接的滿足。實際上，如果優先重啟的是生產活動，有不少人會過著非常煞風景的生活。

也就是，以消費為目的的探索活動，是「生活視野的擴大」。相對的，生產活動則是，姑且稱為「對世界一隅的順應」吧。住院期間，請假外宿時，有相當多患者會跑去百貨公司。那是一幅「世界縮圖」，也是觀察人類的絕佳獵場。一旦確定沒有人會看到自己，許多患者都會變成一流的人類觀察家，那是他們絕口不提的嗜好。例如長期住院的患者，通常會對醫療人員的行為特徵及私事瞭若指掌。

這種探索活動並不會單純終止於消費，它可以帶來我之前提出的「吊蘭」型（按：並非以工作為中心擴展生活的型態，呈現放射狀構造。與之對比的是同心圓構造的「野山藥」型，意即以工作為中心擴展生活的型態）生活基礎擴大[23]。相反地，這種擴大，很難在沒有小額消費行為的情況下達成。醞釀一間固定到訪的店、或是稍微搭個電車出門，都伴隨著小額消費。有些情況應該還會需要小贈與吧。贈與雖然也算是一種確保安全保障的活動，同時也是溝通活動、是「將對方放在心上來做抉擇的活動」，這應該會成為患者重啟生活之際，提升「對現實吟味」的活動吧。不僅如此，這種活動還具備能得到回饋的效果。實際上，患者的小贈與多半有很高的溝通價值，而且，這種溝通活動間接程度高，很少會遇到導致患者精神健康惡化的「正面排斥」。一般而言間接程度愈高，溝通活動愈安全，而且內容愈豐富。雖然在問答時，患者往往是「跳針達人」，讓他們習慣溝通上間接的切入方式，一般能容許患者人際關係上自然的發展，同時，實際上有很多患者偏好如此

（例如同樣是間接的切入方式，訴諸相對間接性更高的「信件」，患者的預後會比只靠「電話」的患者好。我也覺得，目前在日本，患者寫的信比非患者寫的多[24]）。

如上所述，先有了與小型消費密切相關的生產活動、奠定重啟生產活動的基礎，患者始得以「棲身於世」，然後才能穩定地進行生產活動。這件事之過去所以一直遭到隱蔽，理由之一，或許是出自日本的主流日常生活模式——建構日常生活基礎時，以生產環境的人際關係為中心，職場同事就是我們的朋友、是享受嗜好或旅遊時的夥伴、同時也是居家話題的來源。不過，日本在近代以前並非如此，恐怕是隨急速近代化而來的全盤翻新、連根拔起，促使職場變成一種模擬家庭的存在吧。這是一種過渡現象，一種「不得已」，一種「棲身於世」的狹隘化。雖不應否定，但也不該大力鼓吹，而且並不是沒有其他可能存在[25]。

目前的阻礙之一，就是我們對「工作文化」抱持的意識形態，也就是「難以認同有人不工作卻進行消費活動」。這道屏障，造成患者難以取得消費資金，而且，「明明沒在工作」這個理由，會抑制或阻斷「吊蘭」型生活基礎的擴大，或者更普遍的是，抑制或阻斷「生活的鬚根」。問題是小額消費資金的必要，可能跟治療需要藥物程度相當，而且，它的價值建立在分發一定額度，可供其自由使用這個方式上。如果只在有特定需求的時機，由患者開口，才給他們，等同把患者當成小孩，很可能會導致患者變得跟小孩一樣。大家可能想不到，精神科醫師有很多時候，會被迫必須對患者零用錢的金額表達意見。由醫院或家人代理患者進行消費活動的情況，理想上是愈少愈好。我認為，在小醫院的病患復原率之所以良好，有一部分要歸功於代理行為較少。

家人或公共分發的消費活動資金，當然應該視為重新展開生活必要的費用，不過，我覺得，是不是也可以看作是一種投資，好讓他們學會努力建構生活基礎、或是對「從事『治療』這份工作」的獎勵呢？

再補充一點，在我的經驗中，患者通常都會在他消費生活世界的拓荒邊境，發現最優質的生產活動環境。有時，那個地方會變成對他有益的資訊交換場所，有些情況甚至患者就在那邊工作。事實上，再也找不到其他地方，會像這種前哨站一樣，開放給種種突發狀況（意想不到的事件）。相反地，以管理為主的醫院等最欠缺的，就是對於棲身於世的人們而言，像宇宙線那般（按：極高能量的粒子經太陽系內運行而撞擊地球，例如質子、氫原子核；亦稱為宇宙射線），每天大量落在自己身上卻不曾察覺的突發狀況。患者家庭也是，不知為何就是有很少突發狀況的印象。對患者而言，對突發狀況持開放的眼光並且願意活用，長期來說是很重要的。這是治療場合對話中應該留意的一點。我的結論是：治療開始十年後的患者，他們的預後，仰賴突發狀況或是「運氣」的成分很大。不，人生歷程中，每個人都是如此吧。

6 治療者能為「工作的患者」做的事情

首先第一點，**不要在患者條件萬事俱備之前急著催他們去工作，那只會帶給他們屈辱感**。所謂的條件，第一，從急性精神病後「基本消耗[26]」恢復；第二，患者能夠安心在腦海浮現像疲勞感這種身體感覺、或是餘裕感、焦慮感、快、不快等一般感覺；第三，已經奠定生活基礎，擁有「基地」和「前哨站」。

第二點，**不要威脅患者，以免讓他們有「背水一戰、無路可退」的感覺**。「這是你最後的機會」、「你都換了幾次工作了，每次都做不久。這樣不穩定，你會失去社會信用（我們就沒辦法再幫你囉）」多講這些話，等同逼患者邁向挫敗一途。患者精神健康上需要的，不是「背水一戰的布陣」，而是「逆櫓*」。我的常規是，向患者和家屬雙方強調去工作的「實驗性質」，在家屬面前，我會說：「覺得不適合，最好立刻辭掉」、「求職招考當天早上覺得不對勁，愈接近考場，愈不舒服的話，可以立刻退出」、「這樣一來，我們從實驗中又得知了一個新資訊。實驗是成功的」、「世間的人情義理就我先幫你顧著」。這時，只要我們和病人共有實驗精神，就可以免於溫和專制主義、或者將其抑制到最低限度。

明確告知認同他們做各種摸索與嘗試，並且用態度來證明（例如：經歷許多「打工」，勝過一下子就當上「正式職員」）。事實上，只要第一個條件符合，幾乎沒有人是做了幾天就辭職的。

第三，**患者自行選擇的工作，最後成功率較高**。只要時機不過早，患者的選擇通常不會太脫離現實。時機過早的跡象是，患者同時、或者頻繁提出方向完全不一致的案子，這表示還在「摸索期[27]」，在這個階段，小一點的實驗，就當成「實驗」支持他。

---

*「櫓」一般裝設在船尾，讓船前進；「逆櫓」則裝設在船頭，讓船可以自由後退。

如果是「大實驗」，最好建議他「三個星期之後，你還是沒有改變主意的話，就去做吧」。

第四，**勞動（工作）的價值要輕描淡寫、含蓄帶過**。我甚至認為，對於「想工作的患者」，潑點冷水會比較好，因為他們多半並不是真的動機強烈，而是受到安全威脅感所迫。讓他們「為工作而工作」，是虛渺不可靠的。像是要家人力勸有足夠非勞動所得的患者去工作，我實在不建議。周遭告訴他「你總不能永遠靠我們」、「最後剩下你自己一個人的時候，你要怎麼辦？」多半只會讓患者更加不安又緊張，實在沒有意義。即使不是患者，對那樣的將來都會抱持模糊的不安，而這卻不是當下能找出任何對策的問題。

第五，**相較於工作，應該更重視休息**。如果有人「無法休息，卻可以工作」，他一定是怪物。所以，沒有一處「可以安心放鬆」、「不會有人突然侵入」場所的人，無法工作，也是很自然的。也就是「訂定工作的上限」。如果沒有這樣告訴患者，他們很容易對「工作」產生不幸的誤解，現實中無法長期繼續工作。沒有用休息界定好工作上限的勞動，最終，會無法在生活中定位，導致無法統合到生活裏。就算他在工作，也不過是做給社會看的一種悲哀的表面工夫。

一般廣普遍承認沒有工作狀態的文化，像漁村，會認可因漁期、天候，有時候是不好的直覺，而不出海，或者是港口城鎮，核心文化是船沒入港，碼頭現場人員也沒工作可做，這些地方，會比農村或大企業地區，對患者的接納度更高，給人一種容易回歸社會[27]的印象。此外，農村，看起來比漁村不易奠定「吊蘭型」的生活基礎[28]。

第六，**提醒患者工作時要頻繁休息**。為了彌補他們工作時不善頻繁休息的缺點，可以提供本篇文章最後附錄的建議。我會在他們剛開始工作、面臨一般明顯重啟生活之際，像一份「贈禮」般，常常當面把要點寫在紙上交給他們。

第七，**盡量避免在要求員工善解人意的勞心職場工作**。以我而言，站在實驗觀點，倒不是一定會阻止，但我感覺在日本，病人回歸社會之所以門檻高，原因在此。事實上，我覺得日本的精神科醫師，被要求的治療精準度非常高。周遭會追究「眼神不知道哪裏怪怪的」、「姿勢不挺」這些細節。精神科醫師變得也對「缺陷」過度敏感。實際上，恐怕沒有人像日本的精神科醫師那樣，常把「缺陷」掛在嘴邊的吧。需要加班的職場也應該避免，問題與其說是工作時間長，不如說應該待在辦公室到什麼時候、比誰先回家會不妥等等，像這樣做決定要靠「勞心」的狀況，病者特別應該避免這種職場。

第八是**預先在繼續治療方針上達成共識**。在職場、親戚、朋友當中，常會有人（往往是不負責任地）告訴患者「藥物對身體不好」，試圖讓他們中斷治療，隨著生活圈的擴大，遇到這種人的機率就會變大。這種人，我真希望他們能自覺到自己正在替患者做一個會影響別人一輩子的決定。

第九，鑑於前述理由，**不要讓病人過度將自尊心建立在「工作」上**。類似的言下之意也應該完全杜絕。正在從事「治療這份偉業」，就足夠成為最安定的自尊心根源了（不只是病人意識到這件事，首先是他的下意識、他的身體、他的生命使然）。並且，治療首先是病人的「權利」，必須時時提醒他們。要傳達這件事，只要溫柔地、帶著懷念的表情，用一聲「嘿、你來啦？」迎接他們就好。

第十，**避免上班時間不規律的班表，特別是夜班。無法確保睡眠的職場，對精神健康有害**。不過，有一部分病人似乎從事夜間警衛的工作，不知道是否是基於不大需要跟人有互動，以及白天的睡眠雖然較淺，但比起晚上較不容易感到不安。

7 總結

我的提案完全只是出自現實主義，過去，精神科團隊尚未完備的時代，醫師必須兼顧復原和個案工作。拜其所賜，我得以導出前述十點方針。我的參考準則是「不建議別人做我自己做不到的事」。當然，反之則未必。

附錄：不限於工作，針對一般顯著的生活重啟的建議

一、不要同時開始二件新的事情。這是因為，遇到關鍵時刻，只有一件事還克服得了，二件重疊在一起的話，就沒辦法了。「一次做一件事（One time one thing.）」（小田實的座右銘）

二、在一天當中，上午十一點左右、下午二至三點左右，感到疲累睏倦是很自然的。這個理論根據應該可以從勞動科學中引用各種說法，總比死心、覺得一整天都毫無變

化好。不然，不少患者會對照「超正常人的樣貌」，覺得「只有自己疲累」、「飯後想睡覺的只有自己」，或是覺得「是服藥害的」而因此停止服藥。

三、上班第一天，會感覺像一個星期那麼長，第一個星期會像一個月那麼長，然後才漸漸縮短。如果沒有覺得變短，說不定是這份工作不適合自己。

四、第七天、三十天到第四十天、九十天到第一百天，接下來是三個月三個月、然後一年。到這個時候，容易疲勞，會想辭職。不過，那是很自然的事，也是暫時的，放慢腳步、或是乾脆好好休息，就會再恢復氣力。所以，不必覺得「已經不行了」。做得了一年，大概就可以做到三年。剩下就是這份工作適不適合而已。

之所以說七天，是參考某調查中放棄就職的尖峰時機再往前推一點；三十到第四十天，則是戰後一時的勞動爭議期間的平均值、以及戰爭醫學中，老士官開始出現「戰鬥疲乏」的期間；三個月是許多生理週期；正好和佛教的頭七、四十九日、百日、一週年忌日重疊，或許只是偶然，也或許每逢「喪葬禮俗」時節，相關人士聚集一堂、用餐、相互鼓勵，有它的道理在。中里均提出另一種週期：十天、三十天、三個月，但沒有太大的差異，總之，勝過讓時間毫無特徵地流逝，對於那些傾向把一時狀況想成永遠的悲觀論患者，是能夠帶給他們力量的。實際上，患者開始提到疲勞，算算多半都符合這些時期，而發現「這是可預見的」，似乎能夠讓他們大大鬆一口氣。剛好，順著我的週期，從四月開始新生活的話，依序會跟「五月初大型連假（黃金週）」、「中元節」（新曆八月中旬）、「秋季的『白銀週』」（運動會及文化祭也利於休息）、過年等時期重疊，可以不著痕跡地偷懶一下。

五、「一天的難處一天當就夠了」（馬太福音 6:34）或許是理想，不過，用四十八小時來平衡「收支」，應該就沒問題了。也就是，某天覺得做得太辛苦，第二天就偷個懶。某天睡眠不足，第二天就早早入睡（據我觀察，許多非病人不大會意識到這一點，但會付諸實行）。

六、如果連續二天睡眠不足，第三天思緒特別清晰的時候，覺得「過去的我，一直半夢半醒；此刻，真正的我才終於誕生」，很遺憾，這表示你快要走入死胡同了，請立刻就醫。其實，睡眠不足時想到的事，等睡飽再重新檢視，你會發現根本沒什麼、令人失望，應該經驗過吧？只要小心這一點，應該就不會復發（訂定「擔心復發」的上限）。絕大部分的人，要是兩天沒睡，應該根本無法思考、就是想睡覺，這時候反而腦筋清醒，看似優點，其實看似優點的事，常常很危險，會不會因此生病，追本溯源，差距或許只有一線之隔。每個人都有那麼一、兩個弱點，關鍵在於你是否認清這一點（考慮到不打擊患者自尊心的表現）。

七、開心事同樣會令人疲憊，即使是一趟成功的旅行，或是跟朋友愉悅的談話（受到向井功的啟發）。

八、由於同時也在進行治療這份重要的工作，再加上跟其他人同等分量的工作，工作負擔比其他人大，感到吃力是正常的，沒有必要逼自己跟上別人的腳步（好像這樣對患者說，他們工作效率反而會提高）。

九、開藥物給患者，就控制在患者沒有給自己過大負擔的情況下，像喝水一樣沒什麼感覺；一旦過度勉強自己，就想睡覺的程度。因為要等他們自己察覺負擔過大，通常會慢一步，這部分就要用藥物來彌補（很多患者都心裏有數）。把想睡覺視為「該休息了」的信號，可以的話，瞞著患者也好，希望能這樣處理（開藥時也貫徹同樣的處方原則）。

十、所以藥物其實是一種保險，當病人漸漸能夠判讀身體發出的警訊，藥物的必要性就會隨之逐漸下降，希望大家能這樣告訴患者（實際上能夠判別的患者，就可以從定時服藥逐漸切換為應時服藥＊）。

文獻與注釋

(1) Parsons T.: *The Social System*, New York, The Face Press, 1951, pp.428-479. 但引用自　Leigh, H. and Reiser, M. F.: *The Patient – Biological and Social Dimensions of Medical Practice, Plenum*, New York, 1980

帕森斯的原制度如下：

一、免除一般社會角色的責任。

二、無法期待憑藉己身力量痊癒——即依賴他人之權利得以正當化。

三、視患病為不理想之狀態，有義務希求「痊癒」。

四、有義務尋求有效的醫療技術支援。

帕森斯將此定義為具普遍性的 sick role（病人角色），本文內容則經過作者的再制度化。

＊ p.r.n.，需要時服藥。

(2) 這不如說是遵循慣用的結果。

(3) 這似乎有異於一般將自己的疾病看得最重要、或是視為嚴重疾病，這種普遍存在所有疾病患者身上的現象，它更為直接。

(4) 刊載於《分裂症之精神病理10》之村田信男論文。

(5) 一九六四年以來，從五十萬床減少為十五萬床。

(6) 根據刊載於《分裂症之精神病理8》之小山內實論文，是「將生活奪回自己掌中」。

(7) Serban, G.: *Adjustment of Schizophrenics in the Community*, Spectrum Publications, Jamaica, N. Y., 1980.

(8) 身體障礙的復原，逐漸從以往「只在表面做樣子」的傳統型，朝向從基礎累積的方向持續發展，比方在杜曼（Glenn Doman）「順著系統發生的軌跡重新走一遍」這種尖銳主張中可以看到的方向。用這種觀點看來，我們或許首先應該學習狩獵採集民族的文化，特別是所得的分配法和料理法。

(9) 我認為，一般而言，精神科醫師可以再向身體障礙復原這種先進醫學多方學習。從事協助精神科復原的人，用一副儼然「健康者每天都感受得到工作喜悅」的樣子來「指導」患者，多少有點偽善。不僅如此，還強化患者錯誤觀念，讓他們抱持呂姆克指出的「超正常人幻想」。許多慢性患者感到絕望，是因為他們誤以為所謂的「正常人」，隨時感受得到工作喜悅和存在價值、怎麼工作都不會累、不管跟什麼樣的對象都能建立良好人際關係、而且永遠不愁找不到話題。這在通往痊癒之路上，是一道不必要的障礙。拿這種「超正常人幻想」來對照，任何人生都會顯得悲慘。至少，讓患者知道，「當一個正常人」並不是像那樣的神話故事、也沒那麼光鮮體面，會是朝向提高吟味現實能力的一步吧，如果沒有同時憤世嫉俗地跟犬儒主義一起談論的話。其實我私下懷疑，就像有些成人想讓孩子以為自己的現實更加美好、強而有力；有些患者周遭的人，也會想對患者誇大自己的「超正常」。在自尊心不足的人當中，一般很常出現想把病人貶為弱者的衝動，希望治療者不要加入這個行列。

(10) 畫蛇添足一下，請大家千萬別誤以為這是在主張患者不能從事單純作業。作業本身，在不同的情況下，對不同的患者而言，可能有益、可能有害，重點在於不要冠上不符現實的光環來蠱惑患者。患者當然不會對不愉快的事產生愉快的錯覺——他們是一群催眠起不了作用的人——，但卻可能誤以為「正常人做這些事的時候樂在其中」，至少慢性住院患者會。

(11) 我自己，家庭代工不算的話，第一次體驗勞動是「勤勞動員*」。

(12) 之所以需要特地思考這種事，是因為包括我在內，有一部分精神科相關工作者不諳世事吧。

(13) 面對不領薪的工作者，病人無法開口談論必然存在的痛苦。有一位老病人曾坦白跟治療者說，如果志工不是來一整天，而是半天，其實會更好，這樣一來，他嘗試靠自己處理自己私事的意願就會更高。治療者把這件事轉告志工，結果遭到拒絕，據說要改成半天，會需要四處奔波斡旋。實際上，老人已經證明自己的論點是對的，即使不是如此，也是一個實驗上改變狀況的好機會。蘇利文（Harry Stack Sullivan）主張志工等的「昇華」也可能是一種潛在的病態現象，在美國受到相當大的反彈。聽到老病人的事，會覺得其實非常有道理。少額也無所謂，還是支付薪水較理想。

(14) 這是經濟高度成長的時代，他是銷售員。順帶一提，患者未必不擅長擔任銷售員。首先是因為這

* 戰爭中，日本政府為確保勞力，依法律、命令強制動員國民投入勞動行列，對象主要為中學以上的學生。

份工作可以休息。治療後新擔任的工作，能適應三班輪替二十四小時輸送帶作業工作的，在我的患者當中只有一個人，這才是高難度特技。銷售員患者每年投幾千個案子進提案箱，得了幾次獎，改變了周遭對他的看法。他娶了一位孤兒女性，建立理想家庭，到現在退休後還會寄賀年卡給我。不過，靠股票買賣營生的患者比較多，因為適合患者慎重的個性和微分電路式的認知等特質。股票買賣，似乎躁鬱症患者或很多所謂正常人，反而比較容易追隨別人造成損失。我還曾經幫一位患者看診，聽說是禁不起突然的打擊，因史達林死亡引起的暴跌而發病。

(15) 有幾間醫院採用節慶式「藝術療法」或「作業療法」。不過，缺乏是否引起患者節慶式共鳴的資料。

(16) 「打工」對患者而言是珍貴的體驗，對於像醫生這種從事特殊職業的人而言，當成學生時代的體驗也是很重要的。特別是醫生，我想，年輕時就能得到相對較高的收入，之後要再想像勞工、農民、失業者的生活、移入感情，會有困難。比方說，會感受到把農民等的病況看得較重、知識分子、學生的病況則看得較輕的偏誤。再補充一點，我認為「患者」才是被標示、指定的，其他人應該以「非患者」來稱呼。「健康的人」、「正常人」等並不是一種標記，因此難以定義。我自己打工，最早是國中三年級當「家庭教師」，還做過棒球場販售員、砂糖裝箱員、卡車隨車送貨員、百貨公司販售員、大選期間的臨時記者、山上一株一株的賣樹人等，加起來算一算超過四十種。當家教，學生成績不理想，我就用用餐時閒聊和小旅行激勵學生士氣；在百貨公司還因為服務態度好，有人差點要拉我去當正式員工。

(17) 現實中較容易長期觀察的除了銀行行員外，還有區公所、指政府職員、稅務署員、郵局職員吧。我的部分描述可能並不符合銀行行員。

(18) 《讚頌怠惰》（暫譯，*In Praise of Idleness*）

(19) 蘇利文把思覺失調症患者在過度活動後出現的「還債」，跟躁症患者的過度活動做了區隔（《精神醫學之臨床研究》〔暫譯〕）不過，我認為不限於思覺失調症患者，其實範圍更廣的人都有這樣的特徵。思覺失調症的人容易疲累，或許是因為急性精神病狀態是超越我們想像的「艱鉅工作」，卻在疲勞債還沒完全獲得償還的情況下，就被要求工作的緣故。

(20) 另外，躁症的人，大部分都以憂鬱形式償還他們的疲勞債。

(21) 這種觀點，似乎來自最近興起的經濟人類學。可以參考其創始者卡爾．波蘭尼（Karl Polanyi），或將之引進日本的栗本慎一郎著作。不過我覺得，只要參考從這個命題直接導出的幾個結論就足夠了。

(22) 患者生命中許多輝煌時刻，因此，會逃過我們的眼睛。這樣就好，重要的是，不能以為我們知道的部分就是全貌。

(23) 小山內記述了例如在成人前雖然生長於大都會，卻從來沒有單獨搭地鐵「體驗」的思覺失調症患者（《分裂症之精神病理 8》刊載的小山內論文）。

(24) 在認可「殺價」的關西文化中，我有一位開店的朋友表示，在遇到「殺價技巧實在厲害」，雙方交鋒的日子，會覺得特別充實。這種類型的文化逐漸衰退，不過，少了「議價」，商人的生活似乎也會落寞幾分。事實上，在店頭跟這種充滿活力客人你來我往，可以讓人群停下腳步，為商店帶來繁榮，並不會吃虧（這裏存在所謂「議價美學」，從這個觀點看來，「齷齪」的殺價者會遭到圍觀者的責難）。患者就算不殺價，也往往會要求「一點小贈品」，還可能是熱心圍觀的人。

(25) 《分裂症之精神病理 9》刊載之拙論〈棲身於世之患者〉）。

(26) 我說過，完全沒有朋友或至少有一個朋友，會大幅左右患者的預後。我常常會對完全沒有跟朋友聯繫的患者建議，找出班級名簿，寄賀年卡給過去交談過的同學，有滿多同學會對患者感到懷念，幾分之一會回寄賀年卡（之後就要看運氣了）。一般來說，患者對寄給自己（通常數量不多）的賀年卡欣喜愛惜的程度，遠遠超過我們的想像。甚至有些患者，會在年底先跟我確認「你一定要回寄給我哦」。

(27) 我們選擇朋友的範圍不出數百人、選擇配偶的範圍從幾人到幾十人。或許缺乏獲得學校及職場以外人際關係的社會裝置，是日本的特徵。

(28) 所謂「基本消耗」，是指急性精神病這種異常過度活動之後的消耗期間。這個期間結束後，患者會開始最初生活重啟的「摸索」；「摸索」的特徵是其向量極小。

(29) 東海地方農村與漁村的比較，及名古屋市與神戶市比較之個人體驗。

(30) 傳統農村有既定機制，例如若眾宿＊。我心目中的則是所謂「先進」的機械化單作農村地帶。

（一九八二年）

補充

在一九九〇年代，不必擔心工作的多數高齡者在精神病患者（及重大罪犯）占相當比例，我想我的主張產生了新的意義。不限於患者，在這個時代，我們必須考慮過了勞動年齡之後的生活。

曾經像是邁向回歸社會儀式的打工，如今成為叫做非正職員工的永久勞動階層。這跟已經演變成大學畢業生占過半數的高學歷社會，有密切關係吧。

此外，據說有高達幾百萬「繭居族」，經濟上依附年金尚為豐厚時代的父母，這些人將來要怎麼辦呢？而父母年金減少時代的年輕失業者，命運又如何？

＊ 傳統地方社會，集合青年、進行當地風俗規則等的地方教育組織。

棲身於社會中的精神病患

凡有血氣的，盡都如草；他的美榮都像草上的花*。

——《聖經》〈彼得前書〉1:24

1

一般大眾是不是認定，經歷思覺失調症相關疾病的人，所謂的「回歸」社會，就是試著將他們重置於符合社會多數人的生活軌道呢？

只不過，「回歸」這個詞本身就已經是個問題了。這些人並不是原本已經在那個軌道上，然後從那邊脫軌的。他們往往別說在廣大社會上，就連在家裏，都沒有穩坐在安全受到保障的位子上。許多人是首次面臨加入社會的過程，遇到挫折也是理所當然的。

這聽來似乎無需贅述。不過，我想說的是，要加入（而非回歸）多數人走的路，即使可行，卻不是唯一途徑。或者，我甚至想問：這條路在任何情況下，都是最佳選擇嗎？

證據，只要環顧四周應該就夠了。強迫他們模仿多數人，包括表面上似乎成功的例子，有時候其實都是把他們推向一個還不知為何而活，就因畏懼周遭眼光而萎縮的人生。或者，充其量不就是指引他們走向一條烙印著次等公民**的生路嗎？

仔細想想，經歷思覺失調症的人，**事實上**，往往已經是社會的少數了。在這樣的思維下，要開闢一條生路，不是應該積極尋求身為少數族群的生存之道嗎？

---

* 聖經繁體中文和合本（CUV Traditional）：https://cnbible.com/cu/1_peter/1.htm

** 日文寫為「B 級市民」

2

不用說，身為少數族群，生存之道往往險峻艱難。我想首先大家應該可以理解，我並不是在有許多更好選項的情況下還執意如此主張的。

我們也不能忘記，身為多數族群也有其生存的困難度。像是憂鬱症患者，絕對不像思覺失調症患者那樣人數極少。而這些人，難道不能算是求生技巧上稍微「缺乏技巧」的多數族群嗎？有些人嚴重缺乏身為多數族群生存下去必須具備的某些技巧；也有人像憂鬱症患者那樣（當然這是相對值、也就是對當事者而言），已經達到中毒的劑量（意指「身為多數族群這件事超過了他們能夠承受的程度」）。

事實上，對經歷思覺失調症的人而言，某些少數族群的生存方式，似乎並沒有比多數族群的生存方式困難。

我並不認為，在日本人口中，**實際上**有執著傾向的人占多數。不過，或許可以說，有執著傾向的人，生存方式成為一種通俗道德而公式化了嗎？或者該說，原本有各種傾向的人，採用這樣的公式，而在現實中步上傾向執著的人生呢？

甚至，罹患思覺失調症的那些人，有不少是在「一不小心」、「自我迷失」的情況下，試圖配合多數族群的生存方式，才導致發病的。這一點，可能大多數臨床醫師都清楚。而追根究柢，有誰能對這個事實丟出譴責的石頭呢？畢竟他們只是為了追求多一點原本欠缺的安全保障感，才走到這一步的。只是，這樣做的代價，遠超過他們所能負荷。而復發的導火線，往往是他們面對社會，鼓起勇氣，奮力將「身為多數族群一員的自己」推出去，試圖藉此得到認可，不是嗎？

3

其實從經驗上，當然，這僅限於日本、而且出自我狹隘的個人經驗，我認為緩解患者大致上安定的生存方式之一（只是其中之一），就是做個聰明的少數族群。

而要達到這個目標，的確必須放棄一些只有身為多數族群才能享有的事物。但是，必須放棄的清單不是一定要包括愛、友情和善意。

即使多數族群，同樣有不少人也是藉由放棄許多事物，才得以成為社會的多數族群，不是嗎？而在多數族群放棄的清單上有愛、友情或善意的例子，並不罕見。這一點，其實是眾所周知的。

現實中，許多患者擁有一個治療者或家人完全意想不到的生活世界，而他們對這件事是避而不談的。我之所以有機會得知，多半是他們從字裏行間不小心洩露出來的。有不少案例，那種生活方式已經持續了十幾年以上。

比方說，不知道是不是不小心說溜嘴，很自然地提到「在我們固定那群人集合地點，昨天發生了一件事……」「嗯？固定的……哪群人？」

有時候有人會泰然自若地講給你聽，不過這只會發生在他們相當信任你的情況下。我遇到的情形，取得信任大概需要十年的時間吧。

那都是些怎樣的生活方式呢？比方說，你原本以為他完全關在家裏不出門，往往其實他會在固定的日子出門，前往固定的地方。通常是孤獨地、一個人搭上列車、到某個沿海鄉鎮看看海再回來，或者是去某個小鎮的電影院之類的。雖然是單獨出門，有時候他是某個啤酒吧的常客、或是常參加某個評論家的聚會。這些場合，一旦跨進去了，就會食髓知味。默默當一個聽眾，是不會有人來責備你的。有人可能多年靠買賣股票生活，可能某間證券公司的某家分公司，每個人都認識他。股票需要的是感受和謹慎，因此，不輕易追隨別人的類型似乎更適合，而且可以只靠電話操作。

這些祕密場所，幾乎總是帶著某種「意外性」。例如去看海時搭的列車，是不太為人所知的地方支線、位於令人意外的方向。啤酒吧可能是專賣外國啤酒。這些場所，會有多少百分比的人知道呢？所謂證券公司的某間分公司，他們也不會選在自家附近。像是評論家的聚會在哪裏、何時舉辦，也不知道他們是如何得知的。

這些之所以「意外」，似乎是因為大家（至少日本）都被灌輸了一個觀念：一步一步將生活圈以連續的同心圓向外擴張，才是正常的生活圈擴大方式。

有些人不是自己單獨行動，而是幾個人集合後再一起行動。例如，固定每週幾上午集合，一起去錢湯泡晨澡，然後一起吃午餐之類的。我倒很好奇他們是如何得知可以泡晨澡的錢湯。

該說是少數族群的慣例嗎？他們似乎有自己的祕密情報網。我雖然沒去追查過，他們對於精神科醫師的私事或狀況掌握得驚人地詳細。不過，面對一個自己許多事都得託付給他的對象，會想蒐集這個人的各種資訊，也是理所當然的。

目前，根據這些事實，我們能確定的有以下幾點。

首先，他們絕對沒有討厭人類。實際上，住院患者不是常常在窗邊站成一整排嗎？他們（當然不只他們，不過他們特別顯著）不喜歡被人注視。如果能保證沒人在看，他們其實是熱心的人類觀察者，否則，他們怎麼有辦法發現那些讓人意想不到的場所？當中不少場所，每天走在固定軌道上的那些多數群眾，連想都沒想過會有這種地方。而這些場所的經營者，多半在氣質上是同類吧。

當然，他們偏好非正式的場所。而且，他們不會帶著介紹函、或是拜託誰幫忙介紹。不知是否因為這些行為具有約束力（若經人介紹，即使介紹的場所感覺不好，不想再去，禮貌上還是得去個幾次，會有這些人際關係上的繁文縟節）。也就是，他們偏好無名性，而所謂非正式場合，是容許無名性的。在這樣的場合，出乎意料地，他們可能是情報通，也可能熟知八卦消息，特別是精神科醫師的相關資訊。

再來，他們會試圖對這些事保密。一般既不會講給家人聽、也不會講給治療者聽，因此，我們無法評斷有多少百分比的人擁有這樣的「前進基地」或「橋頭堡」。

為什麼他們會想對這些事保持低調呢？

首先應該可以說，對他們而言，保持低調似乎是非常重要的事。他們似乎本能上感覺得到。

同時，可能他們憑直覺知道，一般人無法理解保持低調的重要，一旦有人發現，一定會朝特定的二個方向之一亂攪和吧。

所謂二個方向，不是支持鼓勵，就是百般勸阻。無論何者，對於自然舒展植物的蔓藤而言，都是損毀其自然特質的行為，不管硬要把它拉直拉長或修剪，都是一樣的。

決定支持鼓勵的人，很容易搬出「忠告」，例如「既然如此，這樣做不是更好嗎？」當有人開始插嘴，提出這樣的「忠告」，他們很可能就會放棄那整座「橋頭堡」。即使支持他們「這樣很好啊」，也會得到冷漠的反應，彷彿深知接下來等著的，無非是干涉的

「遊說」。

要阻止他們，則非常簡單。「都還沒工作，就過得這麼奢侈」、「如果有那個時間、有那個精力，就去找份工作吧」、「應該先找好工作再做這些事吧」。很多人會這樣潑冷水，意圖讓他們「振作」起來，不過最後多半都會兩頭空吧。

實際上，有工作（雖然未必穩定）的人也相當多，只是，如果你是那種聽到「我又換工作了」，會立刻微微皺眉的治療者，他們就絕對不會把這類事情講給你聽。反過來說，也就是（絕對不是為了挖出這些祕密），治療者最好不要受限於社會多數群眾的價值觀。

我認為，治療者應該將常識與社會共通價值分開思考。社會共通價值告訴我們：「精神科患者都不工作，去工作是第一要務」。不過，將視野放大，常識考量上卻未必如此主張。如果處於急性期，首先要鎮靜，之後是休息，再來是探索行動，然後是在社會中找尋自己的位置。這個順序，在「身體疾病」的情況下，一般都是大家認可的，為什麼獨獨精神科疾病被排除在外呢？

4

我稱之為探索行動。長時間觀察下來，它真的就是一個逐漸擴大的探索過程。我挑出幾個例子圖示化（為保護當事人，內容經過調整，參照**圖1－a**、**圖1－b**和**圖1－c**）。

這種對人的探索行動，其實從緩解期初期就開始了。搞笑、耍寶或嬉鬧嘲弄等行為，其實都是探索行動（有些人會悄悄遞出寫著有嘲弄意味字句的紙條）。精神科醫師大森健一、高江洲義英、入江茂及町澤靜夫分別都認可這種初期重啟與人接觸的意義。此外，大森、高江、入江茂三位指出，這些跟恐懼是互為表裏的。既然是重啟與人接觸時最初那種如履薄冰的狀態，這也是很正常的。當然，也有人重新開始與人接觸時，態度是「認真」的。不過，「搞笑」比較不容易陷入無路可退的窘境。我們不也可以觀察到小孩在單獨進入新的人際圈時，往往會搞笑嗎？

所謂的急性期，在人際關係上，可說是找不到彼此妥協點的狀態。誰都沒有

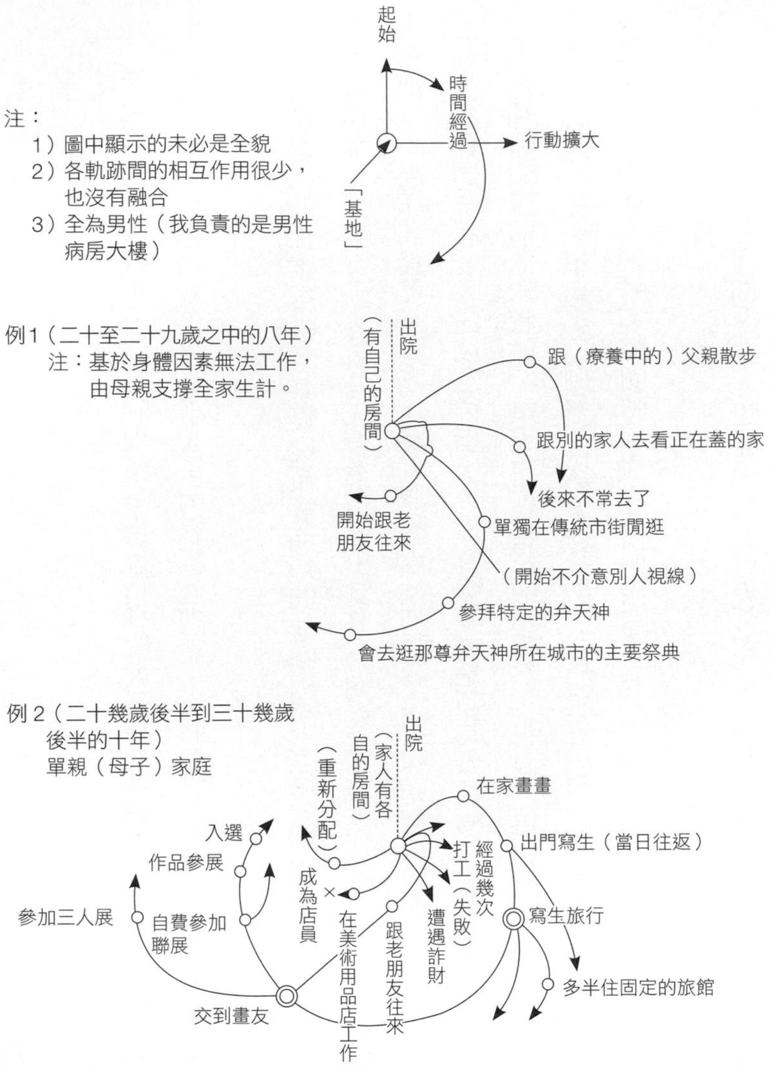

圖 1-a　精神病患如同蝸牛行進般的復原軌跡（一）

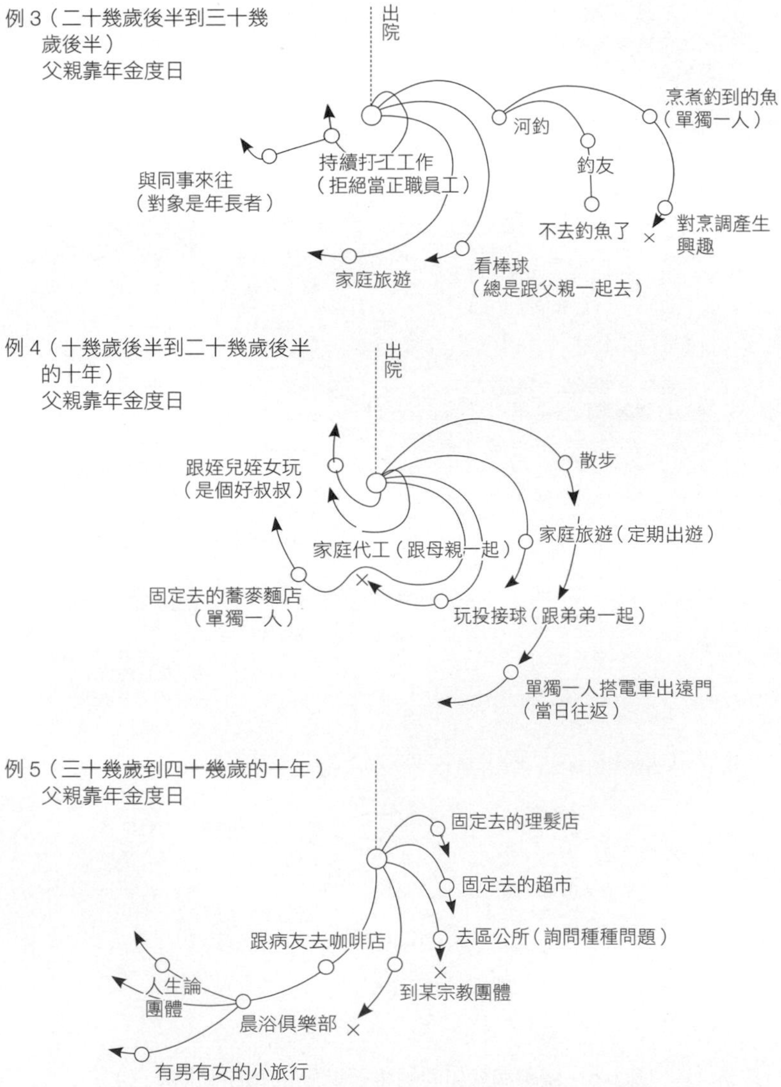
例 3（二十幾歲後半到三十幾歲後半）
父親靠年金度日
出院
烹煮釣到的魚
（單獨一人）
河釣
釣友
不去釣魚了
對烹調產生興趣
持續打工工作
（拒絕當正職員工）
與同事來往
（對象是年長者）
家庭旅遊
看棒球
（總是跟父親一起去）
例 4（十幾歲後半到二十幾歲後半的十年）
父親靠年金度日
出院
跟姪兒姪女玩
（是個好叔叔）
散步
家庭代工（跟母親一起）
家庭旅遊（定期出遊）
固定去的蕎麥麵店
（單獨一人）
玩投接球（跟弟弟一起）
單獨一人搭電車出遠門
（當日往返）
例 5（三十幾歲到四十幾歲的十年）
父親靠年金度日
固定去的理髮店
固定去的超市
去區公所（詢問種種問題）
跟病友去咖啡店
到某宗教團體
人生論
團體
晨浴俱樂部
有男有女的小旅行

圖 1-b　精神病患如同蝸牛行進般的復原軌跡（二）

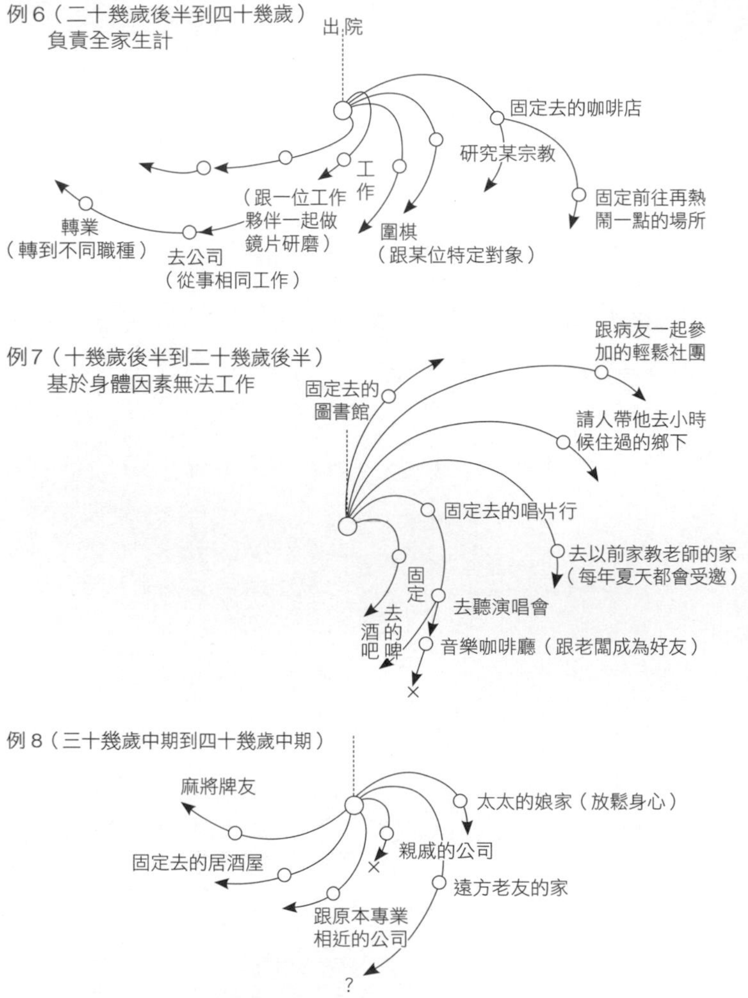
例6（二十幾歲後半到四十幾歲）
負責全家生計
出院
固定去的咖啡店
研究某宗教
固定前往再熱
鬧一點的場所
工
作
（跟一位工作
夥伴一起做
鏡片研磨）
圍棋
（跟某位特定對象）
轉業
（轉到不同職種）
去公司
（從事相同工作）
例7（十幾歲後半到二十幾歲後半）
基於身體因素無法工作
跟病友一起參
加的輕鬆社團
固定去的
圖書館
請人帶他去小時
候住過的鄉下
固定去的唱片行
去以前家教老師的家
（每年夏天都會受邀）
固
定
去
的
啤
酒
吧
去聽演唱會
音樂咖啡廳（跟老闆成為好友）
×
例8（三十幾歲中期到四十幾歲中期）
麻將牌友
太太的娘家（放鬆身心）
親戚的公司
×
固定去的居酒屋
遠方老友的家
跟原本專業
相近的公司
?

圖 1-c　精神病患如同蝸牛行進般的復原軌跡（三）

錯，只是情況如此。患者及其周圍的人，彼此在挫敗感中試圖找到妥協點，而對彼此焦慮煩躁。對於患者提出的事物，就算周圍的人努力「誠實」反應，他們卻找不到一個答案，可以像完全吻合鑰匙孔的那把鑰匙，因此感到焦躁。

患者這一方應該也一樣。他們相互像是試圖解答沒有正確答案的問題。請想想保羅・梵樂希（Paul Valéry）的定論「我們跟別人的妥協，不會超過跟自己妥協的限度」。所謂的急性期，首先就是一種無法和自己妥協的狀態。

如果將患者的「回歸社會」（更正確來說，是設法在社會上占有一席之地的行為），視為一種探索行動，那麼，我們的看法會不會再多得到一點彈性呢？在我們想拿社會共通價值來規範、急切判斷個人行動的成敗、或是說教的時候，會不會再慎重一點呢？

相反地，患者的探索行動，在你牽著他鼻子走的情況之下，是不可能看見的。反而只要你停止這樣做，或許自然就會看見些微蝸牛爬過的痕跡吧。

之所以喻為蝸牛，是因為緩解期初期的患者會畫蝸牛。這應該有各種解釋方式，不過，很明顯的，緩解期初期患者，不正像剛伸出觸角的蝸牛嗎？你看到觸角伸出來，因為太高興了，為了不讓觸角再縮回去，就用鉗子把牠的觸角夾住，這種愚蠢的事，一定要避免。一般而言，我們應該做的，難道不是先把蝸牛前方的石頭移開等，幫忙去除那些探索行動的障礙嗎？只不過，在蝸牛面臨斷崖的時候，或許有必要不著痕跡地誘導他們轉向。

我認為，急性期必須採取能制勝機先的方式。像要增加藥量的時候，如果藥量增加的曲線，比病情惡化趨勢平緩、或是追在病情後面跑，效果會很薄弱，最後反而導致需要大量藥物。

我對於「逐漸投入兵力」，一般無法認同。不過，在復原過程中，我倒覺得追隨的步伐，應該以比對方慢半步為原則。

藥物的減量早就是如此了。藥物方面，說起來就是理所當然了吧（我們觀察的鎮靜化過程某個時間點的橫剖面，附隨在藥物存在下，就像天秤兩端，相互維持一定的比例）。在行動方面，或許多少讓人覺得這樣效率很差、不耐煩（至少對治療者而言如此），關鍵取決於是否看得見治癒過程的里程碑，過早的催促，會讓治療者（恐怕對患者亦然）看不見里程碑。如此以來，就很容易「欲速則不達」。

5

在第八次熱海工作坊中，鈴木純一提出，在日本，社會權力的獲得，是一種以職場為中心的同心圓構造，並提出英國的放射狀構造做對照。也就是，長年待在英國的他說，在英國取得社會權力，需要得到大眾認可這個人在複數跟職場完全無關的領域有相當的發展。也不是沒有人以職場為中心發展嗜好、談笑和家庭間的交際，不過，這種人不會得到太高的評價。的確，前首相希思（Edward Richard George Heath），不但是參加海軍上將盃（Admiral's Cup）的優秀帆船駕駛，還是交響樂團指揮。他應該還有其他發揮才能的舞台，也參加了一些非開放式社團吧。

不過，我告訴鈴木，在日本也絕對有不少人過著這種生活。甚至可以說，正因為不具備強化社會權力的功效，我們可以認為這些活動的存在更「純粹」，不是嗎？

這是我個人的經驗，我曾經在五千戶的社區住了十年。觀察社區成立以來的歷史，發覺很有趣的現象。

由於大家幾乎都集中在一、二年間入住，可以說同時並排在起跑線上。而大部分都剛結婚，在這方面算是素質平均的團體。

最初一、兩年的社區管委會活動非常令人驚豔。這是第一群。主角有律師、建築師、公認會計師等。這些人能力極佳。建築師計算了建築物原價、公認會計師找出財務報表的盲點，比方說，建築物的修繕基金，建築師估算，前七年幾乎不會動用到修繕費，而從第八年開始，需求會突然激增。稅務專家指出該期間的利息沒有算進去。實際上，我們拿回部分退稅，完全證明了他們面對官僚組織，提出了多麼強而有力的理論根據。他們是極有能力的專家，是「靠這行吃飯的專業人士」。

到了第四、五年，我們發現這些人不見了。當時，從社區搬到獨棟住家是一種「成功」的標誌，而首先成功「脫離」這裏的就是這群人，非常合理。

接下來，活躍的是一些似乎隸屬於具有強大組織力量的在野黨政治社團或宗教團體的人。在第二群的社區裏，開始盛行各種同好會及社團活動，漸漸會聽到風聲，大部分的社團循線追蹤，都會找到那些政治社團或宗教團體的人。

這群人，個別看或許不像第一群登場人物，是能力超群的專業人士。不過他們都是擅長在組織中活動的人，至少身為團體一分子應該能力不錯，並且多為勤奮正直的人。

到了第七、八年，這些人也漸漸減少。從這個時期開始，團體活動在短時間內變得低調，社區迅速沉靜下來。不過，這時候我的感覺是，以往被高音部遮住的低音部活動，開始聽得見了。剩下的這些人中，讓人覺得生活有張力的，有的是對鐵道有興趣的、有的是幽浮研究家、有的是書籍蒐藏家，總之，就是一些擁有一般比較想不到的興趣的人。我們稱他們為第三群吧。

他們絕對不是在社會上的能力不好。其中有一位是首次將電腦導入某業界的人物，聽說整個業界都以他的系統為模範（而且他大學還是文科畢業的）。還有很多人都在自己業界負責「獨特的工作」。不過，跟「多數族群」不同的是他們對工作的價值觀。有些人「和公司成為命運共同體」、「追求男人一輩子的職業」，而他們則跟這些人處於相對的二個極端，職業是「為了躲避世間眼光的偽裝」、「為了在世間生存繳交的稅金」。儘管如此，這樣的價值觀並沒有妨礙他們工作時樂於其中、也不影響他們的能力。

他們並不討厭人，只不過是慎選能進入他們內心祕密殿堂的人。

6

我認為，所謂「回歸」社會有二個層面，一個是取得工作，另一個是取得「棲身於世」的立足之地和扎根方式。而我覺得後者更為重要，也更基礎。也就是，取得能安穩棲身於這個世界的生活型態是最根本、最重要的。或許有人想說「若有人不肯做工，就不可吃飯」（使徒保羅）。但是，要求一個無法安穩棲身於世間（沒有這樣的席次）的人工作，說得含蓄還是一種苛求，而且也只能維持一段很短的期間吧。

我認為，患者的生活支援組織亦如此，最理想的，首先是把路整平、協助他們去取得並維持這樣的生活型態。不用說，我對於所謂支援組織的期望是，不論如何都不將任何一種生活型態強加諸於患者，而是去支持他們探索行動的結果、支持他們漸次獲得的那個生活型態。而前提就是（不急切評論其成敗）要先保護他們的探索行動。

我想主張，安穩的生活型態完全沒有必要侷限於同心圓型（按：以工作為中心擴展生涯，即為「野山藥」型）。甚至，我想指出的是，「棲身於世之患者」的生活型態，很自然地，會接近前述定義下少數族群的生活型態。

那麼，就像某種植物根部慢慢向外擴展呈現放射狀，我們把它命名為「吊蘭型」（按：不以工作為中心擴展生活），跟同心圓的「野山藥型」（按：以工作為中心擴展生活）對比如何？

這是山中康裕表示從動物生態學者河合雅雄學來，然後傳授給我的，我的圖式，據說跟幼兔第一次從窩裏出來時的行為十分相似。幼兔從窩中探出頭來，首先，會一溜煙奔向最近的草叢。在那堆草叢跟窩之間來回幾次後，會跑到第二近的草叢，再從那裏回到第一個草叢，有時候回到窩裏。據說牠們會在這反覆當中漸漸擴張行動圈。緩解途中的患者常常會畫出或是用黏土做出兔子，二者不謀而合。或許是因為兔子是一種靠著長長的耳朵，也就是感覺的敏銳度，努力確保安全保障感的動物，所以患者覺得特別有親切感吧。

或許會有人提出反論，這種生活型態只有優渥階層的患者過得起，實際上也只有他們才選擇這樣的的生活。的確，家人或治療者會聽到優渥階級的患者談論這種生活型態。不知道是不是因為他們不用擔心遭到羞辱：「沒在工作還過這種日子」。的確，都市中間層的患者，在告白方面很慎重，至於農村，就更小心翼翼了。也的確，他們的生活圈擴大的幅度很小。不過不只貧富差距，比方說相較於農村地帶，漁村似乎比較沒有那麼綁手綁腳。不知道是不是因為只要早上到海裏撈幾個鮑魚就有辦法生活。另外，漁村看起來有著可以任意穿過別人庭院回家的開放性。

這樣想來，或許這種型態有著無法充分伸展蔓藤之處。在這種情況下，他們多半會成為無法在社會扎根的不幸人物，悵然度日，我幾乎沒遇過奮發成為「野山藥型」的例子。話說回來，經歷過思覺失調症的人，試圖進行「個性改造」，讓他成為憂鬱親和性格，原本就辦不到啊。

而至少「吊蘭型」的生活型態，較能帶來更豐富的「感覺型人生體驗」，即使做不到「行動型人生體驗」。

不過，他們並不是不行動。其實，患者會有我們想不到的體驗、知道我們想不到的事、在我們想不到的地方認識別人、去我們想不到的地方、到我們想不到的地方旅行、對我們想不到的親戚家人懷抱親密感情、有我們想不到的親戚小孩跟他特別親、養著種著我們想不到的動植物、考上我們想不到的執照。周遭的我們，至少應該小心，別切斷這些蔓藤。

7

最根本的是，要扎根於這樣的生活型態，似乎有幾個前提條件。

首先，讓我從社會層面的重要原因談起。

第一，需要相當於兔子窩的中心，也就是「基地」。這個「基地」的中心，就像英國作家維吉尼亞．吳爾芙（Virginia Woolf）主張女性最需要「女人自己的房間」，患者也需要「患者自己的房間」。不管是不是患者，對任何人而言，是否有一間不管自己是什麼樣子都不會被責備的房間，精神健康上都會有極大的不同。

就算退讓百步，至少有個誰都無法侵入的角落，如果物理上也有個隔間會更好。特別是對經歷生病的人而言，遭人投以逼問似的視線是很痛苦的。這種有害視線的「曝射量」愈少愈好。在這個層面上，這個「基地」周圍，應該要是比一般世間「曝射量」少的空間。並不是任何人都會等到有充分的理由才付諸行動（或者不行動）。任何時候都要在腦中想好答案以備自己某些行為的理由被人問起，這不但是一種非常態緊張的泉源，恐怕也會促使超越理論（感覺＝運動性）的生命喜悅更加枯竭。

前述的「橋頭堡」，一般是無法成為「基地」的。有一位患者，即使在住院的外宿期間，也因為家人跟他說週日「希望他不要待在家裏」，不得不遵從家人的吩咐，四處找咖啡店待著。他一度出院過，結果一年後再次住院（四十年後的現在，他住在醫院附近的公寓中，還會寄賀年卡來（文庫版追記））。「日間照護」或「復原中心」能否超越「橋頭堡」的領域，成為「基地」，依舊是今後的問題。不過，患者自己租房子住，支持組織再發揮其功能，是更為自然的。在患者或前患者聚集到這個住處，自然衍生出群組的情況下，以非正式方式支援這個群組，或許會比組織一個「患者群組」理想。一般來說，「非正式」是比較好的。不過，會需要有人看顧。據我所知，已經有許多零散的嘗試活動在各地進行。

這個「基地」，無論以何種形式，一旦存續遭到威脅、或者變質、在眼前消失，患者建立起的網路，就會馬上消失、即使沒有消失，也會逐漸萎縮。

接下來，我想列出當事人這一方的重要因素。

一般而言，理想上最好不要去遠到無法返回「基地」的地方。例如可以住宿的工作地點或宿舍，在沒有斟酌它是否能成為「基地」的情況下，是不建議「一頭栽進去」的。

再來，從「基地」伸展枝葉這件事本身，也最好是「非正式」的，不建議當事人或周遭的人執著於正式或公開場合。至少，要投身於「正式」場合時，態度十分慎重的人，較容易棲身於世間。

經濟高度成長期至少有一個優點，就是「打工」，它提供了大量機會像是計時工作、家庭教師、補習班老師等。一般而言，在這種非正式工作場合讓自己慢慢適應，多半會有成果。而且，最好保有拒絕、辭職的自由，這一點，我們也可以從觀察得知，因為比起認識的人或治療機關介紹的工作，當事人自己找的工作、或者（前）患者之間相互介紹的工作，印象中更持久，雖然有時候，看到「有海外派遣優厚制度」會讓我感到頭暈目眩。

關於工作上枝葉的伸展方式，再補充一些：想多方嘗試，在錯誤中找答案，通常會穩定落在比原本（生病前）的志向稍微轉個角度，並且調降一點的地方。比方說，原本想當畫家的人，當上畫廊店員；想成為哲學詩人的人，選擇美術教育教材製作的工作（補充：後來成為鄉土詩人）；遺憾在公司沒有被分派到營業部的人，成為銷售員的例子。其實想想，人生原本不多半是「求棒得針」嗎？

在這些情況下，迂迴近十年後，都成功地漸漸接近原本的志向。能繞遠路的人，之所以長期下來收穫往往較多，應該也不在於是否經歷過疾病，而該說**迂迴能力**本身具有強大的力量吧。只能說，期望治療者同樣也具備「迂迴能力」。

此外，不誇耀緩解後的成就，似乎也很重要。即使出版著作、作品入選、短期間得到高額收入、升為課長，他們多少都對這些事抱持超然的態度。也有人會選擇不讓周遭的人知道，這又是他們的另一個強項。

一般而言，成功是危險的。不管是否生過病，相較於失意的時候，得意的時候精神更容易陷入不穩定的狀態。周遭的人也最好淡淡祝賀、點到為止，這樣做，相較於熱烈讚賞，「你有這樣的成就，一點都不令人意外」的含意更深、更有力，其實更能讓他們感受到堅定的支持。

不少人對於微小的善意敏感，不過，面對強迫推銷，最好懂得拒絕（這應該是神田橋條治重視「拒絕能力」的理由吧）、或是悄悄迴避。一般而言，這意味著維持淡泊灑脫的人際關係，不被人耍得團團轉。能在不引人注目的情況下，得到觀察人際關係的機會，這種體驗會有相當重要的意義。

像這樣不被捲入的好處，也適用於工作上，工作也好、讀書也好，能夠在半途停手、躺平休息的「能力」，總會帶來正面效果。反過來說，也意味著發病前屢屢會做的那種「賭上一整晚的清醒」，就不要再做了。

他們還有一個特質，就是他們那種微妙的（「微分電路式的」）感覺，不會失去吟味現實的性質，這也是一個正面素質，有人能做股票就是一個例子。還有，我覺得生過病的人好像很少遇到車禍（雖然一個醫生能得知的範圍沒有那麼多，所以只能用這種否定形來表現的事態，並不那麼確實）。

我認為極端的黨派性是負面素質，不過並不認識這樣的人。再來，多少的偏愛是正面素質，因為那多少可以成為這個世界的調味料，像是有偏愛的棒球隊、有偏愛的演員、歌手、有偏愛的歌曲等。

其他還有很多很多例子可舉。一般而言，這些偏愛，會讓周遭的人也覺得患者有魅力，進而導向可喜的「良性循環」。

我認為，一般來說，從事精神醫療的人，需要不斷調整軌道，讓自己抱持不盲目的樂觀主義（並不是只有精神科患者會敏感接收到醫師及其他醫療相關人士的悲觀主義，但我認為，精神科患者非但不例外，還是最敏感的）。看診必須發出一種訊號，讓患者知道「我現在幫你看診，就是沒有放棄你最好的證據。」這是一種具有現實力量的方式。

曾經長期在結核療養所工作的人，對結核的預後是悲觀的。的確，有些人是重症患者，也有些患者是陷入惡性循環的。而療養所的慢性病棟就濃縮了這些因子。要每天在那邊工作的人別悲觀，或許是一種無理的要求。只是那並非正確反映出結核患者全體的樣貌，也是個事實；而精神科的狀況也是一樣的。

8

不過，在治療者與患者容易共有的「哲學」或「既定觀念」當中，有些會妨礙患者或前患者棲身於世。其中幾個，特別需要用間接的手段來照護。

第一個，是「所謂的治癒，就是開始工作」這個哲學、或者說既定觀念。這很容易被反推成「開始工作就等於治癒了」的命題，造成患者的焦慮。或者（取代獵巫登場的精神醫療基線之一）試圖對患者進行「勞動改造」。

我不是要否定一般作業療法。赫曼．西蒙（Hermann Simon）為每個人個別開了不同種類和量的作業「處方」。若非熟知每一個人，是無法做到的。這可能近似西丸四方醫師的「行動分析式精神療法」。我覺得極端的「勞動改造」是一種陰鬱的思想，在其下進行的成果也非常令人質疑。患者往往會對於「無所事事的自己」感到羞恥自卑，但是這種情感是有害的，會導向精神上的萎縮，而且也不符合事實。病人是投入「治療這項艱鉅工程」的人，我認為我們必須溫柔地告訴他們這件事（現實中，常被貶為「無所事事」的，在過去是結核患者，進入二十一世紀後是憂鬱症患者吧。箭靶經常在變〈文庫版追記〉）。

這個命題，患者本身也常採用，患者跟治療者毫無建設性、永遠沒有結論的問答，很多都是源於這個命題的變形。像是「痊癒了就不需要藥物」反推成「不服藥就等於痊癒」；「不服藥」用「出院」、「不再定期去醫院回診」等代入也是一樣的。

談到這裏，其實拿著這種反推後的命題，來跟醫師展開不會有結論問答的患者，往往對於「痊癒」深深感到絕望。這種情形，有不少背後原因是：醫師沒有充分告知患者關於治療的理想或治療方向，讓他們不知從何「痊癒」、束手無策。

第二個命題是：「所謂健康的人，不管從事什麼樣的工作，都不會覺得疲勞、消沉、倦怠、失望、自暴自棄；不管什麼樣的人際關係，都能圓融處理；能立刻察覺對方的心情、永遠不會找不到話題」。患者這種超健康人幻想，很久以前荷蘭精神科醫師呂姆克(Henricus Cornelius Rümke)也指出過，而精神科醫師可能也一起抱持了這樣的幻想。

只把「完全治癒」(restitutio ad integrum）當成治癒的傾向，在精神科醫師之間相當顯著。正如曼弗雷德・布魯勒（Manfred Bleuler）所言，「經歷那麼強大的體驗，人格完全沒有產生變化，才令人匪夷所思」，這種看法還比較自然。不僅如此，還可以說「回到發病前的生活方式，就等於回到隨時都可能復發的不穩定狀態」。

所謂「痊癒」，必須是「進入比生病前更游刃有餘的狀態」，這一點，仔細想應該也不僅限於精神科疾病。這種「超健康人」的幻想，會逼患者陷入沒有建設性的自我檢視，結果，可能導致就算病好了，還是無法去除「本行＝患者」的感覺。不僅如此，屢屢會發生患者自己去「判定」、「診斷」、「歧視」其他患者（或他自己）的情況。這種觀點，大多是吸收了公眾或醫師觀點，總之，一旦滋生了這樣的觀點，這個因子通常就會讓患者在通往治癒之路上原地踏步。

接下來，還有「發病前後體驗所致」的部分，當中有幾個顯著負面的要素。特別是徵兆性優先狀態遞延，超過一定的程度帶來的結果。可說是「焦慮時期」的後遺症吧。

首先，會出現一種逆轉現象：「輕信應該很難相信的、不相信應該可以相信的」。跟這些關係很接近的，有「覺得機會（可能）渺茫的事物好像可以立刻實現、對手邊容易實現的可能等閒以視（覺得它們遙遠）」的逆轉現象。還有一種逆轉是「該謹慎的地方大膽、可以放膽的地方怯懦」。還有對身體感覺的輕視。使盡「火災現場的蠻力」（比喻發生火災時用盡力氣救人、滅火或逃生）來「消耗」自己。「行動上執著於來自正面的攻擊，思考面則追究事物的背面」這種矛盾。「對於熟悉的事物無法覺得親近（不是「融入」而是「感到無聊」）、對於不習慣的新事物，來不及感到好奇，就先恐懼了」這種萎縮的局面，就是這些逆轉的結果。

這些，都是只能用「沒有生病過的人」的衡量標準來表現的情境，個別應該是很難用原有的狀態拿來當成話題的。我想嘗試更普遍性地思考導致「微分電路式感覺」失調的因子。

這應該是這種因子，持續作用超過一定期間的結果。我認為，這種因子內部不安和因果思考的惡性循環的影響應該相當大。

這樣的惡性循環，從因果思考那一端來消解，應該是比較符合現實的。我們是不是過度對患者使用「為什麼」、「怎麼會」這些字眼？神田橋條治曾經建議過對類似「為什麼」的詞句禁欲（於名古屋市立大學精神科研究會上），我完全同意。

9

我想將焦點放在許多患者或前患者有朋友，有時有密友這一點上。治療者就算不知道是哪一點，也應該把這件事放在心上：他們的某些地方是有魅力的，而這具有吸引別人的力量。可以確定的是，這些並不是建築在利害關係上的朋友。當然，這些朋友是基於自我滿足而跟他們交友的可能性永遠存在。不過，這個觀點在其他方面也是適用的。

我認為，長遠看來，穿越疾病的人，要棲身於這個世界，重要的是留心在不耗損其人格魅力的情況下進行治療，「治療成為一個人緣好的人」（近藤廉治）。我曾經用過「心靈胎毛」這個極為含糊的表現。之後，也沒能再把這個表現雕琢得更精確，不過，在同為臨床相關人士之間，這似乎是大家都能懂的詞彙。

如果人格魅力遭到耗損，一方面對周遭也是一種困擾，而結果會極度加深患者的孤立。至少，我認為尊重患者探索行為描繪出的軌跡、以及不打亂患者逐漸緩解的個人步調，是讓患者保有吸引人特點、在社會中占一席之地的前提。

注

德國精神科醫師特連巴哈（Hubertus Tellenbach），針對青春（瓦解）型思覺失調症患者的社會回歸問題，敘述如下：「即使少量也好，社會總把設法讓患者工作當成復原的基本方針；但最好別再這樣做，應該做的是，防止他們的孤立化，同時在他們變貌後的願望及可能性的範圍內，採取能讓他們發揮最大限度動作的活動型態，以這樣的方針進行，才是對的。若想在正確的光源下檢視分裂病患者（此稱呼沿用原文表現）身處的患病狀況，或許就該脫離「將能客觀化的工作執行當成工作理想」這種思維，而是尋求歌德式的活動概念。因為進行活動，是個人主觀性及其可能性之變遷的表現」（H. Tellenbach, Das "Zwischen" und die Rolle—Zur Konditionsanalyse endogener Osychosen, in Zeitschrift fur klinische Psycologie und Psychotherapie, 26/2, 1968——邦訳、鈴木茂・木村敏訳「「あいだ」と役割」『現代思想——特集「分裂病の人間学」』八巻、一一号、九六頁。日文版、鈴木茂・木村敏翻譯〈「之間」與角色〉《現代思想——特集「分裂病的人類學」》八卷、一一號、九六頁。特連巴哈是分出「憂鬱親和型性格」的人，由他口中說出這樣的主張，有一定的分量。

文庫版（二〇一一）附記——之後，患者棲身於世的方式逐漸演化。經過住在醫院附近公寓的型態，慢慢變成有社會個案工作員等職員參與的團體家屋、還有居家照顧、看護等型態；在我工作的時代，則頂多到出院住進公寓的階段。

（一九八〇年）

「連結」的精神病理

——人際相互作用的種種

人與人之間的連結，遠比一般常識複雜、深奧而寬廣，同時，也更為腥羶。我想用較中性的「相互作用」一詞來代替多少帶有溫情的「連結」。人際關係未必是一種緊密相連。

1

相互作用當中，存在許多本人無法察覺的「閾下」知覺。在女學生宿舍中，室友的經期會同步，母女也會有同樣現象。已經知道的是，如果將經期中女性的汗，塗在其他女性的鼻子下方，也會誘發她的月經，據說某些女性這種影響力特別強。

這在生態學上叫做費洛蒙。成年女性的氣味，一般似乎也能讓成年男性產生種種變化，像是增快鬍子生長速度等。不僅氣味、異性的存在，一般擁有強烈的精神作用。精神官能症病房大樓，在男女混合的情況下痊癒比較快。同性密友，不管再要好，長期同住都容易發生糾紛，會議也會因為女性加入而進行得更順利。

即使在更廣大的團體，閾下相互作用還是會像淡淡的湯，浸潤全體。就像「三菱人」、「三井人」這些名詞的存在一樣（公司行號名稱後加上「人」），商社或銀行的人，據說會知道第一次見面的人是哪一間公司的。造訪那些還保留著許多傳統的城鎮，你會驚訝於他們對極為狹小的地區有著清楚的區隔。

這些現象的基礎，向來被視為「銘印」——相遇瞬間產生的「內射」、以及「條件反射」——逐漸產生的「內射」這兩種生態學機制。有意識、無意識的模仿，會在制約之下「納入」，成為習慣。不僅如此，其底部還存在著前述應該說偏生理性質的嗅覺、對溫度的感覺等意識不到的物理、化學性資訊傳達。這些，可說是基本配備、或是先天機制。

當我們覺得一個人難以忘懷，往往是這個層面的連結產生的作用。若無其事的舉止、無以名狀的氣味，能夠穿越幾十年的時空，讓我們認出舊識。同學會上，彼此會覺得比實際年齡年輕，是因為「銘印」下來的類似氣味、舉止、也可能是聲音特徵。這些模式，跟指紋一樣，是超越年齡的個體辨識索引，打開記憶之門的鑰匙。箇中微妙，在普魯斯特（Marcel Proust）的《追憶似水年華》中隨處可見。

家人間相互作用的深度還無法測深。名古屋市，有人為某年出生的嬰兒全體體檢，之後進行了數十年的追蹤調查，在針對發生痙攣的小孩及其家人腦波的研究（山村均）中，發現比起父親，小孩的腦波顯然更像母親。其實在我家也是，只有我，腦波（也）是孤立的，妻子和三個孩子腦波極為相似。跟父親相比，母親與小孩的相互作用，在子宮內已經開始，一直到青春期，都緊密得多。應該是那些微妙細膩、持久且濃密的相互作用，造成這種同調吧。腦波只不過是影子的影子，潛藏在深不可測之處的，究竟是什麼呢？

2

這種人與人間的緊密關係，是何時建立起來的呢？似乎會隨著年齡消長。比方說，加入有共同母語（這無疑是相當強韌的緊密關係）團體是到八歲左右為止，之後，並非不可能，但需要刻意的努力，過程也會變得緩慢。超越國籍的友情，在日本似乎二十歲左右是個自然形成的界線。在那之前建立起的友情，並沒有背負著國旗。這是在神戶一帶的日常見聞。在那之後，就是會出現「在日本呢……」、「在我們的文化當中是是這樣的……」，在我個人體驗或周遭，想逃過文化的刻板印象，比想像中困難。

飲食方面，則好像在三十歲左右有一條界線。文化人類學者必須進入異文化中長期生活，進行「田野調查」。不過，在三十歲前沒出過國的人，很難適應當地食物，據說只要三個禮拜，眼前就會開始出現海苔捲壽司、蘿蔔泥或味噌湯的幻覺，非常痛苦。但先前曾適應過外地食物的人，對各處當地食物就不會感到痛苦，可見跟日本食物建立起排他的緊密關係，或許是在三十歲左右。

3

精神科醫師，常主張人格定型大約在三十歲左右，而飲食習慣的定型，或許跟人格的定型有深切的關連吧。飲食不僅是味覺，還牽涉了視覺、嗅覺、觸覺，加上一部分香辛料還透過三叉神經介入痛覺，重量感、內臟的感覺、餐桌上的人際感覺、過去個人、團體經驗、知識、氣氛、儀式也具有重大意義，整體是一種跟人際互動息息相關的活動。文化人類學者在接觸異文化之際，最先進行的，就是一起用餐。

的確，過了三十歲，人格會失去相當多的可塑性。雖然變得較不容易發生解體，但也很難進行根本性的變革。事實上，會引起人格解體的思覺失調症，過了三十歲就會減少。牽涉患者內面的正統型精神分析，一般認為不大符合三十歲以上的人。精神科醫師笠原嘉建議感到絕望的年輕人：「**總之，先活到三十歲看看，你身上會產生一些變化、會好過一些。**」過了三十歲的人，彼此之間的連結，前提是彼此認同對方人格已臻完成。其實，我認為原本就不該輕率說出人格改造這類言論。要結婚的時候，有不少妻子對丈夫，或是丈夫對妻子，會奮力試圖將對方重新塑造成符合自己理想的人。這特別跟男性的偶像姦（Pygmalionism；愛上自己創造的人偶）有共通之處。失敗就算了，如果不小心成功，可能會發展出慘不忍睹的結局。

年過三十，外界的、社會的緊密關係比重增大，職場與社交占據前景。不過，開始自覺對社會生活中所需人名、職稱或生日的記憶衰退，也是發生在這個時期。

4

以上我們俯瞰人與人連結的縱軸與橫軸。整理一下，我們會發現當中有幾個相互作用很強的時期夾雜其中，有一些以相對較弱相互作用為主的時期。強烈相互作用時期最大、最重要的是從在子宮裏到滿一歲為止，二歲半到三、四歲，理想上應該是較弱相互作用時期。訓練上廁所的時期，似乎以較弱的相互作用度過，較容易進入下一個階段。接下來是稱為「伊底帕斯期」或「第一反抗期」的時期，在其間強烈相互作用中獲得重要的兩件寶物，成人式溝通語言和應付三人關係的能力。再來是佛洛依德稱為潛伏期的學童期，這個時期以強烈相互作用為主的孩子是少數派，他們之後的精神健康有點令人掛心，不過也有些人會成為特別傑出的創造型人物。大部分的孩子，會以微弱相互作用為中心。這是為了迎接青春期的重要準備期間。進入青春期後，感覺變得敏銳，開始進行所有層次的強烈相互作用。不，應該說在這個階段，人會有追求強烈相互作用的明顯傾向。即使不是愛，不論是憎惡、運動精神病或是不良行為，對這個時期的人來說，都遠比微弱相互作用來的有訴求力量。之後，微弱相互作用時期再度來臨。從奔放的舊制高中生，到道貌岸然的舊制大學生，往往是一種劇烈的變化。

邁向結婚，是朝著微弱相互作用的平緩下坡。如果沒有出現這種下降、或是抵抗它，就會演變成「過長的春天」、或是不斷更換對象、反覆戀愛過程。婚後一段時間的相互作用，雖然強烈，卻是單純的節慶式相互作用，是短暫的。這會隨著妻子的懷孕漸漸結束，對三人關係的成熟度，在此遇到考驗。

還有其他強烈相互作用、以及當它造成人格變化的情況。那是隨著精神健康惡化，本人與家人、或者本人與治療者、還有本人與治療者的家人之間，產生的一種強烈相互作用。實際上，人際相互作用、特別是強烈相互作用的研究，一直以來都是透過治療關係、特別是精神療法的治療關係的實踐進行的，從美國精神分析醫師哈羅德．弗雷德里克・塞爾斯（Harold Frederic Searles）的論文集，可以讀到最貼近真實的敘述吧。

5

前面，我在沒有明確定義的情況下使用了「人際相互作用」、「強烈相互作用」、「微弱相互作用」這些詞彙。人際相互作用一詞，通常不會特別去定義，大家經常使用。後兩者，則是借用自物理學。

人際相互作用的前提是「場」（情境）的形成，而相互作用，調整頻率接收信號（合調，同調）是不可缺少的因子。一般大家會相互尋找對方能夠接收到的波長區段，不過治療關係中，主要會由治療者來調整頻率。實際上，也有不少患者會試圖接上治療者的頻率，猛按治療者的各種按鍵。當頻率接上了，聲調（tone）會帶有厚實感，傳達時，聲音中的情感資訊倍增，會有一種流暢無阻的快感，「對方」或「自己」的意識減弱，接近合力編織一張資訊網路的感覺，最後會留下滿足感。聲調在精神科面談中，遠比語言內容來的重要，也更豐富、能傳達更多資訊，這也符合很久以前蘇利文的主張（按：

蘇利文是第一位將人際關係理論導入精神分析的研究者，他認為一個人的人格是由所接觸的人和社會的力量逐漸形塑而成）。神田橋條治畫了潘菲爾德（Wilder Penfield）和拉斯穆森（Theodore Brown Rasmussen）的圖，呼籲大家更仔細觀察在大腦皮質運動區占很大面積的口唇周圍的動向。有趣的是，二人都認為眼睛的威嚴會帶來壓迫感，主張克制視覺上的觀察。如果不是觀察，而是當成表現之窗，眼睛會是好的頻道。與其說眼睛，不如說眼神和眼周肌肉的運動。患者的眼神其實能提供給治療者最適切的線索。

6

不只是聲調和眼神，比方說，身上散發的體味也會因狀況產生很大的變化。感到不安的人，有種獨特的氣味，會讓我想起以前精神病院的氣味。

塞爾斯的代表論文〈把對方逼瘋的努力〉中，強調讓人瘋狂的重大要素，是同時使用二種以上相反的頻道進行溝通。例如，一邊談論哲學或政治一邊求愛，或是用非常冷靜的態度或語調誘惑。

頻繁變換頻道也是逼瘋對方的好方法，這是造成那些為邊緣型人格障礙症（Borderline Personality Disorder，ＢＰＤ）案例看診的醫師精神惡化的重大原因。患者頻繁且唐突轉換頻道，醫師就像被抓了一把砂往眼睛撒一樣，天旋地轉。本來覺得患者在平靜談論客觀話題，突然他開始激動責備醫生惡意的不誠實，然後還沒回過神，他又開始滔滔不絕訴說對醫師的感謝。看完一位患者，覺得疲憊感像是看了五、六人，這種情況，是指向患者為邊緣型案例相當準確的主觀症狀。

調整頻率接收信號（同調、合調），有人擅長、有人不擅長。英國分析家巴林特（Michael Balint）說，不知道「造成思覺失調症的母親」是怎樣的母親，不過，可能是不擅長調整頻率的媽媽。音樂家芥川也寸志也說過，有人聲調渾厚、有人則否；講同一件事，對方會接受的是聲調渾厚的人。而聲調不渾厚者之中，觀察人際關係成功的人，會明顯發現他們在手勢等肢體語言下工夫，以彌補這個不足。

7

人際相互作用的病理，容易出現在強烈相互作用的情況下。強烈，相互作用的特徵，是小小的原因會招致大大的結果。不僅如此，還難以預期；參加者沒有人能夠掌握相互作用的全貌；特別是移情、反移情的分析容易陷入惡無限；一般有強烈感情裝飾；存在「決鬥」這種即時全面解決的誘惑；對強烈滿足的期待與墜入主客不分渾沌的恐懼並存；一次只能面對少數對象。

陷入糾結狀態的家人、擁有棘手患者的治療者、班上有反覆出現問題行為學生的教師，這些人傾向不斷受到誘惑，渴望以強烈相互作用來打破眼前的僵局。他們會認為就是因為沒有發揮強烈相互作用，因而導致現狀，很容易對避免強烈相互作用產生罪惡感。的確，強烈的相互作用，有強大力量能改變現狀，但風險也成正比，能讓事情急速惡化的，也是強烈的相互作用。

在此，我們或許應該把焦點放在微弱相互作用的補足意義。打招呼、微笑、保證不強制、不偷襲、先避開有害的事物、將希望寄託於自然復原力的發現，些許準備好待命的態度、彼此遵從規定、保持距離、彼此會在「理性」、「得失」或「算計」之下行動的安心感。對身體及其生理的尊重。對多數者持開放態度。

或許強烈相互作用和微弱相互作用，要兩者相輔相成，才能幫助我們在人際相互作用上不致於破裂。在強烈相互作用領頭的青年期之前，先經過微弱相互作用占優勢的學童期，此時期的主題是三C，也就是競爭（competition）、合作（cooperation）及妥協（compromise），絕非偶然。

當下，我們在面對青年期病理之際，或許過度把焦點偏重於青年期本身。就像經營一家公司，破產永遠起因於前一個時期的散漫。同理，如果危機出現在青年期當下，那麼，我們不是應該去探究前一個時期嗎？並且，似乎有必要以強烈相互作用和微弱相互作用之動力關係審視該時期的構造。容我提出這一點作為本稿的結論。

（一九八四年）

圖表索引

中井久夫簡介

一九三四年生於日本奈良縣，京都大學醫學系畢業，神戶大學名譽教授、精神科醫師，二〇一三年度文化功勞者。

著作（Misuzu 書房出版）：

《記憶的肖像》（一九九二）
《家人的深淵》（一九九五，第五十屆每日出版文化賞）
《阿里阿德涅（Ariadne）的紅色線團》（一九九七）
《最後一堂課：分裂症之我見》（一九九八）
《西歐精神醫學背景史》（一九九九、二〇一五）

《清陰星雨》（二〇〇二）
《癥候．記憶．外傷》（二〇〇四）
《時間之滴》（二〇〇五）
《參與和觀察》（二〇〇五）
《凝視一棵樹》（二〇〇六）
《日晷之影》（二〇〇八）
《臨床瑣談》（二〇〇八）
《續．臨床瑣談》（二〇〇九）
《當災害真的來襲時》（二〇一一）
《災後重建的途中》（二〇一一）
《蘇利文，美國的精神醫師》（二〇一二）
《送走「昭和」》（二〇一三）
《統合失調症的有為轉變》（二〇一三）

合編、合著：

《一九九五年一月・神戶》（一九九五）

《彷彿昨日》（一九九六）

國家圖書館出版品預行編目 (CIP) 資料

容身的地方 : 從霸凌的政治學到家人的深淵 , 日本精神醫學權威中井久夫的觀察手記 / 中井久夫著 ; 李欣怡譯 .
-- 初版 . -- 臺北市 : 經濟新潮社出版 : 英屬蓋曼群島商家庭傳媒股份有限公司城邦分公司發行 , 2021.01
面 ;　公分 . -- (自由學習 ; 34)

ISBN 978-986-99162-8-8(平裝)

1. 霸凌 2. 人際關係 3. 心身醫學

541.627　　109019664